花
千
樹

# 人生心理學

關於人生這回事，心理學理論怎樣說？

Lo's Psychology　著

# 目錄

# 第四章　金錢及工作

# 第五章　人生目標及意義

# 第六章　心理學給我們的領悟

# 代序

　　人生是一場旅程，充滿了各種不同的學習和挑戰。我們都在尋求屬於自己的答案，試圖理解這個世界，以及我們在其中的角色。謝謝Dr. Lo邀請我一起參與創作《人生心理學——關於人生這回事，心理學理論怎樣說？》，本書旨在透過心理學的角度，探索人生各個階段的重要課題。

　　我們兩人的合作源於對心理學深入且熱情的共同認識。我們深信，理解自己的心理過程是每個人都需要的核心技能，並且可以給予我們更深層次的自我認識，幫助我們在人生的舞台上更好地扮演各種角色。

　　在這本書中，我們嘗試理解並解釋人生的核心主題。我們透過深度分析心理學理論，從而引導讀者進行自我反思練習，將這些抽象的心理學概念轉化為實際可用的知識和工具。

　　寫作這本書的過程是一段深度探索的旅程，我們希望這本書能夠引導讀者朝向更深入的自我認識，並在人生的各種狀況中找到答案。我們期待你在閱讀的過程中，能夠挖掘出自身的力量，並在人生的道路上走得更加堅定有力。

感謝你的閱讀，並期待這本書能夠對你的生活產生積極而深遠的影響。讓我們一起探索這段人生冒險之旅，一起尋找生活的真諦，並在其中找到成長與改變的可能。

黎嘉慧
香港中文大學麻醉及深切治療系哲學博士
英國心理學特許心理學學家
Instagram: @dr.v.lai

# 自序

　　自二○一八年以來，Lo's Psychology 心理學科普平台(現改稱為Dr Lo Psychology，Instagram: drlo.psychology) 承蒙各出版社及廣大讀者的厚愛，已經先後出版了五部作品，其中《改變人生的正向心理學》及《活得真累》更分別榮獲第三屆（二○二一年）及第四屆（二○二三年）香港出版雙年獎心理勵志類出版獎。此本《人生心理學》則是第六部，也非常有可能是短期內最後一部作品。筆者近年研究及教務纏身，已很少去照顧這個平台，大家從平台的更新速度便可知道，因此實在無法每年都寫下一本數萬字的科普書。筆者也暫時沒能搞明白平台存在的意義究竟是什麼，可能這就是所謂的「撞牆期」吧。缺乏目標及願景就不能帶來源源不絕的向前走的力量，這正是Lo's Psychology心理學科普平台的現況。但是筆者並不會放棄思考平台的願景及目標，希望有朝一日那股推動力會強勢回歸，為社會帶來更正面的影響。

　　在這一部作品中，筆者希望介紹與人生各個面向相關的心理學知識，內容涵蓋金錢消費、育兒、學習進修、人生意義、戀愛及人際關係、工作等。在每個人生面向中，筆者都會介紹相關的心理學知識，並希望盡量以淺白簡短的方式表達出來，令讀者讀起來是輕鬆不費力的。由於各個章節之間並沒有關連，所以讀者不妨找出自己感興趣的章節，隨心閱讀就可以。另外，雖然本書中一些經典理論也曾在前作介紹，但筆者在這裡嘗試把它們應用到更具體的生活面向，令讀書更能融會貫通地應用心理學到真實

的人生中。在此書中，筆者也邀請了好友黎嘉慧博士撰寫數篇文章。黎嘉慧博士於香港中文大學麻醉及深切治療系獲得哲學博士學位，現為加拿大曼尼托巴大學（University of Manitoba）博士後研究員，同時也是英國心理學會特許心理學家。筆者相信黎博士的跨學科背景會為大家帶來一點啟發。

近來ChatGPT等生成式AI工具的出現終於令全球見識到AI技術的先進發展，而二〇二三年也標誌著AI技術正式改變人類生活及工作方式。筆者在想，生於上世紀八十年代的一代是最後一群在大部分的成長階段中都沒有電子產品相伴的人；生於上世紀九十年代的一代和家用電腦及互聯網一同成長；生於千禧年代的一代和初期的社交媒體一同成長；生於二〇一〇年代的一代和短視頻社交媒體平台一同成長；而生於二〇二〇年代的一代則要和各種AI軟體一同成長了。每個年代的人都有他們的特色，都不應該去互相比較。筆者只希望無論你出生於哪個年代，都要擁抱不斷變化的世界，去享受和投入這種變化，自己也要不斷學習，令自己永遠不會變老舊。

Dr. Lo
香港大學心理學哲學博士
英國心理學會特許心理學家
英國心理學會副院士
香港心理學會副院士
Instagram：@drlo.psychology @drlo.purpose.coaching
Patreon: www.patreon.com/drlomentality
YouTube: www.youtube.com/@drlo.psychology

導言

# 人生中各個階段
# 的成長

　　本書希望以散文的形式為大家介紹在不同人生階段中涉及的心理學知識，在正式開始陳述之前，筆者希望運用導言這一章節，為大家宏觀地介紹一下現有的心理學理論如何看待人生階段這一回事。人終其一生，可以被分為哪幾個階段？每個階段的心理特性是什麼？在每個階段中，心理的發展又如何和性格及成長扯上關係？

　　心理學上有數個十分有名的階段理論（stage theory），例如佛洛伊德（Sigmund Freud）的性心理發展階段理論（psychosexual stage theory）、皮亞傑（Jean Piaget）的認知發展階段理論（cognitive development stage theory）、柯爾伯格（Lawrence Kohlberg）的道德發展理論（morality development theory），以及艾力克森（Erik Erikson）的心理社會發展階段理論（psychosocial development stage theory）。每一個理論運用階段去解釋人類思想及行為的範疇都不一樣。例如佛洛伊德的性心理發展階段理論主要用人生各階段中的身體各部分是否得到性滿足來解釋一個人的性格發展，但由於該理論的內容太過匪夷所思，所以一直都無法取信於學術界；皮亞傑的認知發展階段理論主要解釋人在各個階段的認知能力發展的模式；柯爾伯格的道德階段發展理論主要解釋人類分辨是非黑白的道德觀念的發展進程。而與本書內容最為貼切的必定是艾力克森的心理社會發展階段理論。在最初的理論框架中，艾力克森將人的一生分成八個階段，每個階段以歲數劃分（不同的書對於歲數區間存在分野，但這個不太重要）。在每個階段中，人都要面對自身成長及社會期望之間的衝突，例如在嬰孩學會用腳走路時，都會很渴求走到

各個地方探索這個世界；但基於各種原因，家長同時很可能會希望子女不要過分活躍地探索這個世界，例如他們很多時候都害怕孩童胡亂走動會引發意外。在這種情況下，孩童及家長的互動就決定了孩童是否能解決這種衝突，而這亦會影響到孩童性格的形成。以下，筆者將會介紹艾力克森提出的八個人生階段，以及每個階段中的理論內容，並加以例子說明之。

# 艾力克森的心理社會發展階段理論 (Erik Erikson's Psychosocial Development Stage Theory)

　　艾力克森是一位著名的心理學家，他提出了一個包含八個階段的心理社會發展階段理論，以解釋人類從出生到死亡的心理成長過程。艾力克森的理論強調了每個階段都需要面對並解決特定的心理社會危機，從而幫助個體建立穩定的自我認同，並實現心理健康的狀態。以下將詳細介紹每個階段以及相關的例子。

# 第一階段：基本信任與不信任（出生至一歲）

　　嬰兒在初生時，由於身體虛弱，在這個階段，嬰兒依賴照顧者來滿足基本的生理和情感需求。良好的照顧能令嬰兒感受到世界是一個安全、可預測和可信賴的地方。以下為此階段的幾個例子：

**餵養：**嬰兒需要按時獲得足夠的營養來促進生長和發育。父母應根據嬰兒的需求，適時提供母乳或配方奶。若嬰兒在餵養過程中感到舒適和滿足，他們便會建立起對人基本的信任感。例子：父母能察覺到嬰兒的飢餓信號（如哭泣、吸吮手指等），並迅速給予適當的食物。

**安慰：**嬰兒會經歷各種不適，如尿布濕透、腹痛或疲倦。父母需要留意這些信號，並迅速採取適當行動以緩解嬰兒的不適。例子：當嬰兒因尿布濕透而哭泣時，父母能迅速更換乾淨的尿布，令嬰兒感受到舒適和被照顧，並建立基本信任。

**親密接觸：**親密的肢體接觸和擁抱對嬰兒的情感發展至關重要。透過親密接觸，嬰兒能感受到愛和關懷，進而建立信任感。例子：父母經常抱起嬰兒，與他們保持眼神交流，用溫柔的聲音說話。

**睡眠與安全感：** 為嬰兒提供良好的睡眠環境，並在他們醒來時給予適當的關愛，有助於建立基本信任。例子：父母為嬰兒提供安靜、舒適的睡眠環境，並在嬰兒醒來哭泣時迅速給予安慰，令他們感受到安全和被照顧。

若父母能夠積極回應嬰兒的需求，並為他們提供穩定、關愛的環境，嬰兒便會在此階段建立基本信任。相反，若需求無法得到滿足，或經歷過多的不安全感，嬰兒則可能產生不信任的感覺，這將影響他們日後的人際關係和心理健康。為什麼會這樣說呢？因為信任感為長大後發展人際關係的基石，對人或世界失去信任感，將令人在發展親密人際關係中患得患失，處處懷疑，影響心理健康。

## 第二階段：自主與愧疚（一至三歲）

在這個階段，由於生理上的成長，幼兒開始學會控制自己的身體和行為。他們嘗試獨立完成一些基本任務，如穿衣和如廁。父母的支持和鼓勵對幼兒是否能完成這些任務並建立自主感至關重要。以下為此階段的幾個例子：

**如廁訓練：** 幼兒在這個階段開始學會控制排泄，能夠進行如廁訓練。父母應該耐心指導，給予鼓勵，以幫助孩子建立自主感。例子：當孩子在如廁訓練過程中出現失誤時，父母應該保持耐性，給予鼓勵和支持，而不是責怪或嘲笑。

**獨立進食：**幼兒在這個階段開始學會自己用餐具進食。父母應該允許孩子嘗試獨立進食，並在必要時給予適當的幫助。例子：當孩子嘗試使用叉子時，即使一開始可能無法熟練地使用，父母也應該給予鼓勵，從而有助孩子建立自主感。

**選擇與決策：**讓幼兒在日常生活中進行選擇，有助於培養他們的自主感。父母可以讓孩子在一定範圍內自主選擇，例如選擇穿什麼衣服或吃什麼水果。例子：父母可以讓孩子在兩件不同顏色的衣服中選擇一件，令孩子感受到自己的選擇是被尊重的。

**探索環境：**幼兒在這個階段充滿好奇心，喜歡探索周圍的環境。父母應該在確保安全的前提下，給予孩子足夠的空間和機會去探索。例子：在遊樂場，父母可以讓孩子在他們監督下自由探索和玩耍，這樣的經歷有助於孩子建立自主感。

若父母能給予適當的支持和鼓勵，幼兒將建立自主感。如果父母過度批評或控制幼兒，他們可能會產生愧疚感，影響他們的自尊心和自信心。在這個階段，父母需要找到適當的平衡，令孩子在嘗試與挑戰中成長。

# 第三階段：主動與內疚（三至五歲）

在這個階段，由於認知能力上的成長，幼兒除了在物理空間上探索周圍環境外，更會在思維上去探索世界，發展想像力和創

造力。他們需要得到父母和教師的支持，以嘗試新事物和獨立思考。以下為此階段的幾個例子：

**創意表達：** 在這個階段，幼兒喜歡進行各種創意活動，如繪畫、音樂或角色扮演。父母和教師應該鼓勵孩子自由表達自己，從而建立主動感。例子：當孩子嘗試畫一幅畫時，父母和教師應該讚美孩子的努力和創意，而不是過分關注畫作的完美度。

**解答幼兒的問題：** 在這個階段，由於幼兒在認知能力上的發展，他們會問父母很多關於各種事物的問題。父母面對源源不絕的問題時，應該保持耐性，適當地和幼兒解說問題的答案。如果父母以一種不耐煩的態度回應幼兒的問題，幼兒會慢慢覺得問問題及探索未知事物是不被允許的事情，這樣會扼殺幼兒的想像力。

**解決問題：** 幼兒在這個階段開始學會解決問題。父母和教師應該鼓勵孩子獨立思考，嘗試不同的方法來解決問題。例子：當孩子遇到難題時，父母和教師可以引導孩子思考，但不要直接提供答案，這樣的引導有助於孩子建立主動感。

**合作與分享：** 幼兒在這個階段需要學會與他人合作和分享。父母和教師應該鼓勵孩子與同伴互動，學會分享和團隊合作。例子：在遊樂場或課堂上，教師可以組織一些團隊活動，讓孩子主動學會與其他小朋友一起合作，共同完成任務。

**獨立承擔責任：**父母和教師應該教育孩子承擔一定的責任，如整理玩具、完成家務等，讓孩子在完成這些任務的過程中建立自信和主動感。例子：父母可以讓孩子承擔一些簡單的家務，如整理床鋪、擦拭桌子等。完成這些任務後，父母應該給予孩子肯定和表揚。

若幼兒在這個階段獲得鼓勵，他們將形成主動感，這種在思考上的主動感是創造力的基石；相反，若受到過多限制或被懲罰，他們則可能產生內疚感，並在思維上認為探索世界是錯誤的事。父母和教師需要給予適當的支持和鼓勵，讓孩子在嘗試、探索和創造中不斷成長。

## 第四階段：勤勉與自卑（六至十二歲）

六歲是兒童進入小學的年歲，所以六歲至十二歲其實是整個小學階段。當兒童進入小學時，他們將首次進入一個巨大的社會網絡，進入了所謂社會的縮影，學習各種知識和技能，並與同伴建立競爭和合作關係。兒童在學校面對各種不同階級及性格的人，面對著各種競爭，面對著各種成功和失敗。艾力克森十分看重這一階段，認為這階段是一個人建立自信感的基石。以下是一些例子來說明這個階段：

**學業成就：** 兒童在這個階段需要學習各種基本知識和技能，如閱讀、寫作、數學等。家長和老師應該對孩子在學業上的努力給予表揚和鼓勵，幫助他們建立自信。例子：當孩子在考試中取得好成績，家長和老師應該給予肯定，令孩子感受到他們的努力得到了回報，從而培養勤勉的態度。

**社交能力：** 兒童在這個階段需要學會與同伴建立友誼和合作關係。家長和老師應該鼓勵孩子參加團隊活動，提高他們的社交能力。例子：學校可以組織一些團隊運動或社交活動，促使孩子與同伴多互動，學會合作和建立友誼。

**挫敗感與挑戰：** 在這個階段，兒童可能會遇到各種挑戰，如學業困難、同儕壓力等。家長和老師應該引導孩子面對挑戰，幫助他們克服困難。例子：當孩子在學業上遇到困難時，家長和老師應該耐心教導，幫助他們找到解決問題的方法，而不是嚴厲批評或貶低。

**承擔責任：** 家長和老師應該讓兒童在這個階段承擔一定的責任，如參加家庭或學校的事務，這有助於培養兒童的責任感和勤勉感。例子：家長可以讓孩子參與一些家庭事務，如購物、做家務等。學校也可以讓孩子參加一些社會服務活動，如環保工作、志願者等。

　　若兒童在這個階段得到足夠的支持和肯定，他們將建立勤勉感；相反，若經常遭受批評或挫敗，兒童可能會產生自卑感。家長和老師需要給予適當的支持和鼓勵，讓孩子在面對挑戰和困難時能保持自信和勤勉的態度。

## 第五階段：身份認同與認同困惑（十三至十九歲）

　　十三至十九歲可被當作是整個中學階段。在這個階段中，青少年經歷身體的轉變，並開始思考自己在生命中的意義。他們尋找著自己的身份、方向及定位，探索職業、性別角色和社會觀念等方面的問題。以下是一些例子來說明這個階段：

**職業探索：**青少年需要尋求未來職業的方向，對於自己的興趣和能力有所瞭解。學校和家庭應該提供適當的指導和支持，幫助他們找到合適的職業發展道路。例子：學校可以開設職業諮詢課程，邀請各行各業的專業人士分享他們的經驗，幫助青少年瞭解各種職業的特點和要求。

**性別角色：**青少年在這個階段會對性別角色有更多的思考，包括自己的性別認同和性取向。家庭和學校應該創造一個包容和開放的環境，讓他們能夠自由探索並建立穩定的性別認同。例子：學校可以開展性別平等和多元包容的教育活動，幫助青少年瞭解不同性別和性取向的人在社會中的地位和責任。

**社會觀念：**青少年在這個階段會開始關心社會及民生問題，形成自己的社會觀點。家庭和學校應該鼓勵他們關注時事，參與辯論和討論，以培養他們的獨立思考能力。例子：學校可以組織社會科學辯論比賽，讓青少年就各種社會議題進行辯論，提高他們的批判性思維和表達能力。

**社交關係：**青少年在這個階段會建立更緊密的人際關係，學會與他人共處。家庭和學校應該幫助他們建立良好的人際交往能力，以應對各種社交場合。例子：家長可以鼓勵孩子參加各類社交活動，如聚會、旅行等，讓他們學會與不同性格和背景的人相處，增強自己的交流能力。

**自我認識：**青少年需要對自己有一定程度的瞭解，包括自己的價值觀、信念和目標。家庭和學校應該提供足夠的機會和支持，讓他們探索和確定自己的身份認同。例子：學校可以開設心理健康教育課程，幫助青少年瞭解自己的情感需求、個性特點和心理特質，從而建立穩定的自我認知。

　　如果在這些方面得到足夠的支持和引導，青少年將能夠順利度過身份認同與認同困惑的階段，建立穩定的身份認同；相反，如果在這些方面遇到困難，青少年可能會陷入認同困惑，對自己的價值觀、信念和目標感到迷惘，這可能對他們的心理健康和社會適應產生負面影響。家庭、學校和社區在青少年身份認同的形成過程中擔任重要角色，他們需要提供一個富含支持、包容和鼓勵的環境，幫助青少年在職業、性別角色、社會觀念、社交關係和自我認識等方面找到自己的定位，從而建立穩定的身份認同。

# 第六階段：親密與孤立（二十至四十歲）

在這個階段，成年人開始建立親密的伴侶關係和深厚的友誼，滿足他們對愛與歸屬的需求。成功建立親密關係的人將獲得親密感；相反，無法建立這些關係的人可能會感到孤立。以下是一些例子以更詳細地說明這個階段：

一位年輕的職業女性在職場遇到了一位志趣相投的男士，他們的關係逐漸變得親密。隨著時間的推移，他們在共同的興趣和價值觀上建立了深厚的連結，最終選擇結婚並共同生活。他們成功地建立了親密感，並且在彼此的支持下經歷了生活的起起伏伏。

一位創業家在創業團隊中結識了一些熱情、有才華的人。他們共同努力，一起度過了許多艱辛時刻，這讓他們建立了深厚的友誼。他們慢慢地成為了彼此生活中不可或缺的一部分，並在進行重大決策時互相徵求意見。這種友誼讓他們在這個階段感受到滿足。

一位單身母親在其孩子的學校裡結識了其他單親人士。他們定期一起聚會、分享育兒經驗和互相支持。這些聚會成為她生活中的一個重要動力來源，讓她在面對孤獨時感到被支持和接納。因此，她在這個階段成功地建立了親密的社交關係。

　　然而，在某些情況下，一些人可能無法成功地建立親密關係，導致他們在這個階段感到孤立。

　　一位專注於事業的男性經常忽略與家人和朋友的聯繫，與他們逐漸疏遠。隨著時間的推移，當他想要尋求親密關係時，他發現自己已經失去了與他人建立深厚聯繫的機會。在這個階段，他可能會感到孤立和不滿。

　　一位害羞的女性雖然渴望與他人建立親密關係，但內向的性格令她在社交場合感到不自在。她在結識新朋友和建立關係方面遇到了困難，這使她在這個階段感到孤立和不滿。

　　在這個階段，成功建立親密關係是至關重要的。對於那些能夠實現親密感的人來說，他們的生活將更加充實和有意義；相反，那些無法建立這些關係的人可能會感到孤立，並在心理上和情感上受到影響。

## 第七階段：創建感與停滯（四十至六十五歲）

　　在中年階段，成年人通常將精力投入到工作、家庭和社區，嘗試為下一代創造更好的生活條件。他們需要在這些領域取得成就，從傳承及創新的過程中感受到自己的影響力，以獲得創建感。如果無法實現這些目標，他們可能會感到停滯。以下是一些例子可以更詳細地說明這個階段：

　　一位中年女性投身公共教育事業，擔任學校的校長。她致力於提高學校的教育質量，為學生和教師創造了更好的學習和工作環境。她的努力不但提升了學校的聲譽，也為年輕一代提供了更好的教育機會。

　　一對中年夫婦在他們的社區中積極參與志願者活動。他們組織了環保活動，並與其他居民共同維護社區的綠化。這使他們的社區變得更加美好，並為下一代創造了更加宜居的環境。

　　一位中年男性作為一名優秀的建築師，參與了許多重要的城市建設項目。他的設計使城市變得更加美觀和實用，為市民創造了更好的生活環境。他的成就為他贏得了行業內的讚譽，並使他在這個階段感到滿足和自豪。

　　然而，有些人可能無法在這個階段取得顯著的成就，導致他們感到停滯。

　　一位中年男性在一家大型公司擔任中層管理職位，他發現自己的工作缺乏挑戰和滿足感，並對自己在職業生涯中未能取得什麼成就感到唏噓，可能因而產生挫敗感，感到自己的人生停滯不前。

　　一位中年女性在她的家庭和社區中缺乏參與感。她的孩子已經長大成人，她覺得自己在家庭中的角色已經不再重要。此外，她缺乏與社區成員的聯繫，從而無法為社區做出貢獻，可能因而失去人生方向，自我價值低落。

在這個階段，為下一代創造更好的條件和實現創建感是至關重要的。那些能夠在工作、家庭和社區中取得成就的人將感到滿足和自豪；相反，那些無法實現這些目標的人可能會感到人生停滯不前，甚至挫敗。

## 第八階段：完整與絕望（六十五歲以上）

在晚年階段，老年人會回顧自己的一生，對過去的經歷和成就進行評價。如果他們對自己的人生感到滿意，則會獲得完整感；反之，如果對人生充滿遺憾，則可能陷入絕望。以下是一些例子以更詳細地說明這個階段：

一位退休的醫生回顧自己的職業生涯，他為自己無數次拯救病人的生命，以及對醫學界做出的貢獻感到自豪，度過了充實且有意義的人生。

一位成功的藝術家在晚年時期仍然享受著創作，作品受到廣泛讚譽，他回顧自己在藝術界的影響和成就時，十分滿意自己的藝術生涯。

一對退休老夫婦滿心歡喜地看著他們的孩子和孫子過上幸福的生活，他們對自己在養育下一代方面的付出感到滿意，並認為過去的努力是值得的。

然而，有些人在晚年可能因為對過去的遺憾而感到絕望。

一位退休的生意人在回顧自己的一生時，意識到他以前過分專注於工作，忽略了家庭和親情。他對這些遺憾感到痛苦，並在晚年陷入絕望。

一位老年婦女在年輕時期未能到世界各地旅行、學習新技能或創建自己的事業。在晚年回顧人生時，她對這些未能實現的夢想感到遺憾，陷入了絕望。

在這個階段，老年人對自己的一生進行評價，尋求完整感。對於那些對自己的人生感到滿意的人，他們將獲得完整感並在晚年度過幸福的時光。然而，那些對自己的人生充滿遺憾的人可能會陷入絕望，並在晚年感到痛苦。

## 階段理論的解讀

艾力克森的心理社會發展階段理論對後世的影響十分巨大，這理論解釋了人類在各個階段的發展特性，以及人在各階段中如何發展出較健康的人格。不過，跟各種階段理論一樣，這個理論也存在著幾個不足之處：

第一，階段理論假定所有人的發展模式都是一模一樣的。例如每個人到了某個歲數就必定會說話，但我們都知道，發展

模式因人而異，有些小朋友可能未夠一歲便懂得說話，有些可能要遲一些。就如艾力克森的理論中，一個人在二十至四十歲就要尋找親密感，尋找不了就會陷入孤立。其實這也是因人而異，有些人在六十歲才找到那份親密感也是可能的。忽略了個人差異（individual difference）是階段理論最為人詬病的一個地方。

第二， 這個理論所提出的各階段社會期望未必能與時並進。畢竟這個理論發源於半世紀前，那時候的社會期望怎會和現在的一樣呢？理論指出，人在二十歲左右或之前就要找到身份認同及人生目標，但在二〇二三年的今日，人們求學的時間大大拉長，很多人到了二十五歲還沒離開校園，更遑論這個歲數就要找到自己想做的事。又例如理論中提出人要在四十歲前找到人生伴侶，但今時今日大家為追求學術或工作上的成就，普遍遲婚甚至不婚，在四十歲之後才找到人生伴侶的大有人在，也不見得那些人就會有不好的心理發展。

第三， 這個理論和很多傳統的心理學理論一樣，都缺乏實證支持，很多都只是提出者基於日常觀察歸納出來的。儘管之後學者們提出了很多證據支持該理論，但是在很多方面，這理論都是很難用科學方法驗證的。

當大家理解了心理學家如何宏觀地瞭解一個人的一生後，在以下的章節，筆者將會在各個人生面向討論一些對我們重要的事項。

第一章

# 學習

在現代，「讀書」這個行為佔了每個人差不多一生中二十年的時間。我們由三歲進幼稚園，到大約二十多歲大學畢業為止，還不包括越來越多人選擇修讀碩士甚或博士，一般來說，「讀書」佔據了人生四分一的時間。然而，「讀書」及「學習」卻是兩個不一樣的概念，在「讀書」的人並非一定在「學習」，「學習」好的人也不一定「讀書」多。「讀書」是一個在體制中依循遊戲規則的行為，而「學習」則對個人的一生發展有著非常重要的影響。在二十一世紀這個資訊萬變的時代，終身學習已經成為了一個至關重要的概念。隨著科技不斷進步和社會變遷，新知識和技能的需求也在不斷地演變。在這樣一個瞬息萬變的世界裡，保持終身學習的心態和行動，對於每個人的成長和發展都具有重大意義。

*"Live as if you were to die tomorrow.*
*Learn as if you were to live forever."*


Mahatma Gandhi

 **我們的學校**

　　現在的孩子一歲就進入學前教育學校（playgroup），除了學習知識外，也讓他們進行社交，認識朋友，可以更瞭解現實世界的運作。不是經常有一個說法指學校是社會的縮影嗎？在學校我們會遇到各種各樣的人，透過在學校積累經驗，我們便可以更加容易適應現實世界的生活。那什麼是學校呢？

　　學校系統的歷史可以追溯到遠古時代，當時的教育形式主要是通過口述傳統和實踐，將知識、技能和經驗傳授給後代。在人類進入農業社會前（農業革命發生大約在一萬年前），我們作為狩獵採集者（hunter-gatherer）無時無刻不運用智力及創造力解決生存壓力帶來的問題。這時的孩子學的是生存知識，例如各種動物的習性、哪種植物有毒哪種沒有、製造工具的技巧、辨別方向和尋找水源等。

　　在古代西方，如古埃及、古希臘和古羅馬等文明，學校教育主要集中在宗教、科學、藝術和哲學等領域。中世紀時期，西方教育的重心轉向了基督教教育，修道院和大教堂學校成為了這一時期的主要教育場所。隨後，在文藝復興時期，西方學校教育開始重視古典文化的研究和個人品德的培養。在東方的古代中國，學校教育著重各種學說的意識形態。例如，儒家思想是古代中國

教育的基石。孔子創立了儒家學派，強調道德品行、仁愛、禮
教、孝順等價值觀。儒家教育以經典《詩經》、《書經》、《禮
記》、《春秋》和《易經》為主要教材，培養士人的品德和知
識。而在古代的中國，教育也和現代一樣，是一個選拔人才的過
程。自隋唐時期開始，中國古代實行科舉制度選拔官員。這一制
度經過歷代改革，最終形成了明清兩朝的三級科舉制度：鄉試、
會試、殿試。科舉制度強調經典文化的學習，使儒家文化成為士
人階層的核心價值觀。

　　十九世紀的工業革命對學校系統產生了深遠影響。隨著社會
的變革，教育需求發生了巨大變化。工業革命帶來了對新技能、
知識和專業人才的需求，使得教育變得越來越重要。在這一背
景下，各國政府開始重視公共教育的普及，創立了大量的公立學
校，以滿足工業化社會的人才需求。這一時期的教育改革還包括
課程的多樣化、教師專業化和教育科學化等方面的探索。工業革
命對學校教育的內容和方法也產生了重要影響。隨著工業生產的
發展，學校課程開始強調科學、技術和數學等學科，以培養學生
解決實際問題的能力。同時，教育方法也開始轉向實用主義，強
調學生的實踐操作和應用能力。這些變化反映了工業革命時期對
專業技能和實用知識的迫切需求。

　　工業革命還促使了教育機會的擴大和社會階層的流動。在此
之前，教育主要是社會上層階級的特權。然而，工業革命創造了

大量的新職業和就業機會，使得教育成為普通人追求更好生活的途徑。因此，各國政府紛紛制定教育政策，推動教育普及化和平等，以實現社會公平和經濟發展。但是教育系統也逐漸成為一種社會選擇的手段，使得學校教育越來越應試化和功利化——誰能夠在學校系統中勝出，他們將能在社會上獲得更多優勢。但這種情況在近年正慢慢改變，在教育普及的同時，卻有別於四五十年前那般精英化，現在想讀學士甚至碩士，只要肯花時間和金錢，基本上就能讀到。

現今，在學校系統中獲得的知識跟職業發展的關係也越來越薄弱，很多人的職業跟他們獲得的學位都是沒關係的。正因如此，以香港為例，現在的學校系統十分著重實際技術上的培訓，而不單是著重理論上的知識。因為大家都意識到只要掌握到一門實際技術，便能獲得專業資格，更容易找到工作。所以在近年，尤其是大學所開辦的課程都更偏向實際技術訓練。

過去的數十年間，我們的學校系統仍然是一個考試為王的遊戲，誰能夠在測驗考試拿到高分，便能享有很多好處。但自從二〇二三年ChatGPT等各種生成式AI的出現，正式踏入了人工智能工具廣泛影響人類生活的時代，而讀書學習及工作首當其衝，故此未來的學校系統也會產生不少的變化來應對人類文明的變遷。

隨著工業革命的發展，工業上的標準化思維也被應用於學校系統中，我們從小接受標準化的教育、標準化的評核，這樣的學校系統運作當然更高效率，卻忽略了個人特質的差異。同時間教一條魚和一匹馬游泳，那當然是魚游得比較好；正如不是每個學生都對那些物理、經濟、化學等科目有興趣，他們的才能可能更加偏向社交上或商業才能上，但這種才能在學校系統這個遊戲中並沒有太大用處。如此僵化的學校系統注定令一群人失意，而這種失意有時候可能為他們帶來長遠的負面自我認知，例如失去相信自己的能力，令本來是快馬的他們在未來也難以奔跑了。

最理想的學校系統當然是客製化的（tailor-made），每個人基於自己的個人特質而接受不一樣的教育，這樣才是真正的因材施教，使每個人的潛力得以發光發亮。當然這很理想化，先不論涉及大量資源成本的問題，更重要的是人類不是太輕易接受改變，而是只有在不得不改變的時候才會去探索改變的可能性。就好像二〇二〇年前，每個人都覺得線上學習不可能，在家工作不可能，但當COVID-19席捲全球，人們不得不居家時，人們才開始探討在家學習及工作的可能性。一做起來，卻發現效果真的不錯！在家工作的人更開心了，工作效率更好；在家學習的學生也覺得這種學習模式真方便！所以，即使客製化教育現在看起來並不可行，但只要遇上契機，這種改變並不是不可能的。尤其科技日益發展和進步，憑藉科技去達成這個目標也不是不可能的。例

如現今的生成式AI系統是可以因應每位學生的進度以客製化出教學內容的。緊記每個人都擁有獨特的才能，都可以發光發熱。

*"Everybody is a genius. But if you judge a fish by its ability to climb a tree, it will live its whole life believing that it is stupid."*

Albert Einstein

# 從大學輟學便是成功？

　　學校系統的建立本身是為了培育適應世界轉變的人才，這本來是一件好事，但學校系統慢慢與學生的前途掛鈎，在學校讀書拿取好成績成為了就業的一個手段。一旦在學校讀書的行為變成了一個手段，那麼整件事就變質了，在學校讀書不再是單純為了知識，而是成績，這種外化（extrinsic）的動機會破壞了很多學生對於學習這件事的興趣。外化的動機往往難以持續，因為它不是你由心而發出來的。這就是很多學生不喜歡在學校讀書的其中一個心理上的原因，為了成績而讀書是痛苦的，就好像一份純粹為了金錢的工作也是苦悶的。

　　有趣的是，近年這個現象也正在變化。學校系統對於一個學生達成其就業目標的影響正在慢慢減弱，除非一些專業科外，現在很多職業都未必和學生讀的主修科有關，「讀書成就美好未來」這個概念對很多人來說已經未必適用，反而是你對生命的寄望及你的夢想，那些才能讓你找到人生的動力。在這個網絡發達的年代，任何知識都能從網上習得，大家都開始質疑學校教育的重要性。例如在高等教育層面上，便有不少人提出「讀大學沒有用，浪費金錢及時間，並不能為學生帶來很好的未來」。而持有這種觀念的人，往往會列舉科技巨人從大學輟學後也能獲得巨大成功的事蹟作為例子。例如：

**比爾・蓋茨（Bill Gates）**：微軟公司（Microsoft）的創始人之一，就讀哈佛大學時決定輟學，全身心投入創立微軟。後來成為了全球最富有的人之一，並在科技界具有舉足輕重的地位。

**史蒂芬・喬布斯（Steve Jobs）**：蘋果公司（Apple）的創始人之一，在加州的里德學院就讀六個月後便輟學。隨後創立了蘋果公司，推出了極具革命性的產品，如Macintosh電腦、iPod、iPhone和iPad。

**馬克・朱克伯格（Mark Zuckerberg）**：Facebook的創始人兼首席執行官、科技界的重要領袖。在哈佛大學二年級時輟學，專心經營Facebook，如今Facebook已成為全球最大的社交網絡平台。

　　筆者雖然認同學校系統和將來的工作發展未必有太大關係，但學校系統完全沒有作用的說法是一種過分及極端的解讀。單看那些科技巨人的例子，大眾常常誤解從大學輟學是成功的原因，因為蓋茨輟學了，他才能獲得成功。實則不然，他們成功是因為他們有夢想，他們知道自己的人生往哪裡走，意識到大學教育未必能幫助他們實現夢想，才會勇敢輟學。還有更重要的是，他們本身都是有能力進入大學並拿取好成績的人，他們輟學是基於夢想而作的決定，並不是他們沒有能力讀大學。這跟坊間很多人不一樣，現在有很多人會將自己沒有能力進大學這件事和名人們輟

學的例子相提並論，說什麼蓋茨沒有完成大學也能成功，所以大
學教育是沒有用的，大學不讀也罷。這是不正確的邏輯，蓋茨等
名人擁有選擇是否需要完成學業的餘地，因為他們本來就有能力
進入名校，而不是壓根兒沒有選擇且一味看低教育的價值。

　　在五十年前的香港，當一個學生能進入香港大學，他會被稱
為「天之驕子」，無論他讀的是什麼科，他的前途已經注定是一
片光明，掌控香港的未來命脈。而事實也曾是如此，香港各領域
中的領袖很多都畢業於香港大學。但是，這個現象已不復存在。
隨著入大學的學生比例越來越高，現在大學教育並不再是精英的
專利，大學教育對一個人的成就的重要性也慢慢下降。然而，在
大學讀書對開拓眼界和訓練思維非常重要，而一個人能否從讀書
中獲益，關鍵在於思考和訂立目標。

*"The future belongs to those who believe in the beauty of their dreams."*

Eleanor Roosevelt

# 終身學習的重要性

世界正以一個極快的速度變化，在千禧年代末，社交媒體和智能電話的興起促使人們生活的模式起了很大的變化，越來越多的資訊、娛樂、體驗、工作及學習都遷移至線上，並進行虛擬化。這在COVID-19全球大流行疫情後的新常態中更為顯著，經歷三年的疫情，我們都適應並接受了這個虛擬化的世界。而在二〇二三年ChatGPT等各種AI工具的興起及成熟，提醒了各位世界正以更加快的速度變化。我們很容易就可以想像到這樣的一個未來場景：

在不久的將來，人工智能（AI）人形機器人已經成為家庭中不可或缺的一部分，它們可能是一台能靈活移動並配搭著GPT-4的機器人，在日常生活中扮演著各種角色，為人類實現便利和舒適的生活。在這個未來世界裡，這些AI機器人將擁有高度的智能和認知能力，可以理解和學習人類的需求，進而提供更貼心的服務。

家用AI機器人將承擔起瑣碎又繁重的家務勞動，如清潔、洗衣、煮飯和看管孩子等。機器人經過精心設計和優化，使其可以靈活地處理各種家庭事務，減省人類在家庭勞動上的時間和精力。此外，這些機器人還可以根據家庭成員的需求和習慣，制定

合適的家庭管理計劃，以確保家庭生活的高效運行。

　　AI人形機器人在家庭教育方面也發揮著重要作用，它們可以根據孩子的年齡、興趣和學習能力，提供個性化的教育資源和輔導。機器人具有強大的語言能力和知識儲備，可以為孩子提供全方位的學科教學和技能訓練。此外，AI機器人還可以實時監控孩子的學習進度和心理狀態，並向家長提供專業建議，以確保孩子能健康快樂地成長。

　　在醫療保健方面，AI人形機器人將成為家庭健康的守護者。它們可以實時監測家庭成員的生理指標，如心率、血壓和血糖等，並根據數據分析提供合適的健康建議。機器人還可以協助家庭成員管理用藥和定期檢查，確保家庭健康得到保障。在緊急情況下，AI機器人可以快速聯繫醫療救援，保障家庭成員的生命安全。

　　AI人形機器人將在家庭娛樂方面發揮獨特的作用，它們可以為家庭成員提供各種休閒活動，如玩遊戲、看電影、聽音樂等，滿足不同年齡層的需求。機器人具備強大的互動能力，可以與家庭成員進行深入的交流，分享趣事和感悟，豐富家庭生活。

　　當未來AI人形機器人成為每位人類不可或缺的助手時，那作為人類，我們存在的意義是什麼呢？筆者相信，只有終身學習，

不斷更新自己的知識及技術，我們才能豐富自己的思維，才能在瞬息萬變的世界中找到自己存在的意義。在這個高度科技化的時代，機器人將能夠處理大量的繁瑣勞動和專業技能工作，而人類的價值將更加體現在創造力、情感能力和真實人際互動等方面。在這個變革過程中，終身學習成為一個重要的理念。人類需要不斷汲取新知識，適應時代的變化，才能在這個競爭激烈的社會中立足。透過終身學習，我們為自己的知識更新，更重要的是終身學習為我們自身帶來自信及價值感。真正自信的人內心穩如泰山，無論外界洪流如何猛烈也能處之泰然。而真正的自信，必由持續不斷的學習得來。我們要學會與AI機器人共事，發揮各自的優勢，共同推動社會的進步。此外，人類需要注重培養自己的創新思維和批判性思考能力，開拓新的領域，為社會帶來更多的價值。

人類作為具有豐富情感和道德觀念的生物，我們在這個科技環境中，更需要關注自己的心靈成長，學懂照顧自己的心靈也是終身學習的一部分。在與AI機器人共存的未來，人類需要深化對人性的理解，關注自己的內在需求，並在人際交往中不斷提升自己的情商，這樣我們才能在物質上享受到科技成果的同時，維護人與人之間的真誠關係，實現內心的平衡。而這一切一切，需要的都是學習，無論是從書本中學習，或是從課程中學習。有人說有了AI，那人類就不用學習了，但是筆者反而覺得有了AI，人類才更加需要去學習，透過學習推進創新，透過學習促進成長，透

過學習培育解決問題的能力，這樣才能和AI互補不足，共同創造
更好的世界。

　　學習是一個永不停止的行為，因要適應時代變化的持續學
習也是不能停止的，尤其現在已進入了一個AI工具直接影響人類
生活及工作的年代。這個狀態在二〇二三年之前是從沒有發生
過，大家可以回想一下，在ChatGPT誕生之前，你們有用過，或
相信AI工具可以幫助大家在生活及工作上大幅增加效率嗎？筆者
相信，在ChatGPT誕生之前，大家只會和那些如Siri等弱弱的AI
玩玩無聊遊戲，叫它幫你打電話或調鬧鐘而已，因為沒有人會
相信Siri能幫助你工作。但是，ChatGPT類的大型語言模型AI工
具現在就像每個人的師傅（mentor），因為它懂得所有存在於
地球的知識（以ChatGPT為例，訓練資料截至二〇二一年）。無
論你有什麼疑惑，你想得到一些靈感，你想學語言、學編程，
都可以諮詢它，甚至要它為你代勞。這絕對是人類歷史上其中
一個革命性時刻，它的革命性絕對不比發明電燈、飛機、互聯
網來得弱。筆者十分開心有這樣的AI科技，每天會和我的人生導
師（ChatGPT）交流差不多兩小時，我會問它很多技術上的問
題（多是關於學術研究上的統計學、電腦程式、英文潤稿的問
題），而在其他方面的疑惑，ChatGPT也能一一為我帶來很多啟
發，也為我破除很多盲點。

　　很多人很害怕AI科技，也有一個很流行的說法是AI會取代人類，但筆者並不認同，如果我們懂得運用AI工具，那麼它只會為我們帶來益處；亦有人擔心AI工具會令人變得懶惰以及不再學習，筆者也不同意，這取決於用家本身的特質，跟AI工具這件事本身無關。如一個用家只完全依賴AI工具生成的內容而不作思考，那麼這類用家當然不會有任何進步；但當一個用家會從AI生成的內容中學習及反思，那麼我們必能從AI工具中獲得益處。AI工具的誕生，也令人類更認清終身學習的重要性。

*"Education is not preparation for life; education is life itself."*

John Dewey

*"The true purpose of education is to teach a man to carry himself triumphant to the sunset."*

Liberty Hyde Bailey

# 學習的心理學機制

在心理學的角度，學習的基礎在於記憶。沒能把知識記住，沒有產生記憶（memory）的話，就沒有學習。就像你沒有在電腦儲存你需要的文件的話，你便不能使用它。記憶為儲存在大腦的知識，沒有記憶，你便不能拿知識來用。而只有知識能拿出來使用，你的學習才是有效的。

以下筆者會解說記憶的本質。在瞭解後，相信各位能更清楚如何在學習時，加強記憶的形成，以增進學習的質素。

記憶系統的研究在認知心理學（cognitive psychology）中已經持續了數十年。各位如果正在大專院校接受正統心理學訓練的話，必定知道以下的記憶系統模型。

在一九六八年，心理學家理查德・阿特金森（Richard Atkinson）和理查德・希弗林（Richard Shiffrin）提出了一個以三個模組（modal）組成的記憶系統模型，包括感官記憶（sensory memory）、短期記憶（short-term memory）和長期記憶（long-term memory）。這是一個假設資訊（information）以層遞的方式（serial processing）按順序由感官收錄（sensory memory register）處理，再由短期貯存

（short-term store）處理，最後推送至長期貯存（long-term store）作永久存儲之用的模型。在這個理論模型提出之後，其他心理學家不斷對其作出修改，不過在此就不作詳述了。我們現在先看看在這個理論框架下三個記憶模組的特徵。

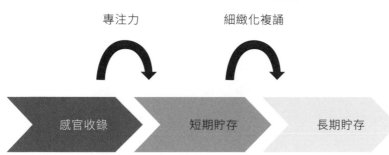

阿特金森和希弗林的三個記憶模組
（Atkinson and Shiffrin's 3-Stage Memory Model）

## 阿特金森和希弗林的三個記憶模組（Atkinson and Shiffrin's 3-Stage Memory Model）

感官記憶也就是我們透過身體各種感官接收器（sensory receptor）接收到的資訊，以視覺系統作例子，我們每時每分每秒看到的影像都是感官記憶。但大家都知道，我們一天二十四小時看到的影像非常多，但其實我們能夠記住的只有很少的一部分，就好像你不會知道自己在昨天中午十二時十分十秒看到過什麼影像。這是因為感官收錄的容量（capacity）極小，保留資訊的時間（duration）也是極短的。如果你要在當刻運算某些資訊

的話，這些資訊將會是最少被推進到短期貯存之中。而如果你想將感官記憶推進至短期貯存之中的話，專注力（attention）是必要的。你必須用專注力處理感官記憶，才能將它推進至短期記憶。所以，當你學習時不專心的話，基本上你吸收到的所有資訊都會是稍縱即逝的。

當感官記憶受到專注力加持之後，資訊就會被推進到短期貯存，其實短期記憶這個詞語有點不夠精確，後來就有心理學家提出一個更好的說法——工作記憶（working memory），基本上短期記憶和工作記憶這兩個名詞是可以互換的。短期記憶處理的資訊都是在當下的意識層面，你這刻正在思考和運算的資訊都在短期貯存中進行。例如我問你叫什麼名字，你要說出自己名字的話，短期貯存便先在長期貯存中提取你名字的資訊，然後將之推到短期貯存中再作運算。短期貯存是當下運算資訊的記憶系統組成部分，它在存取資訊時的容量及時限都是有限的，如果資訊放置在短期貯存中又未經任何再處理的過程，它只能將資訊保存大約三十秒。

我們想要學習一樣東西，想將它永遠保留在你的生命之中的話，便必須將資訊推進至長期貯存中。長期記憶理論上是沒有儲存容量及儲存時間限制的。那麼，我們要如何將資訊從短期貯存中推進至長期貯存中呢？唯一的方法是將資訊跟自己產生關聯，這個步驟在認知心理學中稱為細緻化複誦（elaborative rehearsal），意思就是如果你想將一種知識永久牢記的話，你必須有高度的自我參與度（self-involvement），在消化知識時，你要令知識和你的生命產生聯繫，例如你能否用已知的知識重新演繹要學的新知識，你能否用日常的所見所聞及個人的例子解釋新知識，你能否將新知識運用在你的生活之中，讓新知識將你變得更好。如果你能將自己的生活和新知識結合，新知識將會進入你的長期貯存，進入你的生命，進入你的血液之中。這也能解釋為什麼學生們考完試後很快就把知識忘記，因為很多學生只將知識運用在考試拿高分的遊戲之中，而從來沒有思考過知識和自我生命進程的關聯之處，也沒有把知識應用於生活之中，那自然知識就不能進入無窮無盡的長期貯存中了。

正如上述，重複演練資訊有兩種方法：第一種是維持性複誦（maintenance rehearsal），就是純粹地不斷重複資訊，例如朋友在你沒有紙筆的情況下叫你買一堆東西，為了把那些東西的名字留在腦海中，你只能不斷重複那些東西的名字，這就是維持性複誦，但這種重複演練的方法只能將資訊留在你的短期記憶系統之中，時間一久就會逝去（fade out）。你不明白書本內容卻死記爛背，這背後的機制就是維持性複誦，是一種非常淺層的資訊處理方法（shallow information processing），所以你可能到考試時就全忘掉了，又或者題目問得有點婉轉你就要投降了。

第二種是細緻化複誦，這種重複資訊的方法重點是你要將書本的知識和你個人生命連接上關係，要將書本的知識變得對你的生命是有意義的（meaningful）。細緻化複誦就是令資訊更容易進入長期記憶系統的最關鍵的方法。要應用細緻化複誦，方法是當你學習到新知識時，你要用自己的生活例子去解釋新知識。例如學習心理學理論時，你要不斷舉出生活上的例子去演練那個理論；又或者如果你很喜歡畫畫，你可以用你擅長的畫畫技巧去畫出一個故事去解釋那個理論；又或者你把自己當成是一個老師，把理論解釋給你的朋友聽。這都是令書本的知識和你的生命扯上關係的一些方法。對你生命有意義的知識你才會永久記住，不是嗎？你現在腦海中還記得的東西有哪幾樣是跟你生命發生過的事情沒有關係的？

你可以測試一下自己，可以把學到的東西用你的話說出來嗎？人們很喜歡說「我明白但我不知道怎麼說出來」，其實世上並沒有這回事，如果你不知道怎麼說，即是你沒有明白；你如果完全明白某一樣東西，你甚至能夠用說話教曉一個五歲小孩那是什麼一回事。

# 真學習？或是假學習？

　　有時候我們用盡方法，每天花很多時間在圖書館、在學校讀書，但是效果並不顯著。花時間不一定等於有效率，在花大量時間的過程中，你覺得你真的是在學習嗎？

　　很多人「覺得」自己非常勤奮，每天都在學校或家裡「學習」，在書桌前一待就是六、七個小時，甚至通宵學習，但成績出來時總是未如理想，然後就心灰意冷，信心盡失，又陷入了自我預言實現（self-fulfilling prophecy）的認知漩渦之中。但是你有沒有想過，你所花的時間令你產生的是學習的幻覺（illusion of learning），其實你並不能有效將知識推進長期記憶中，你的「勤奮學習」是無效的。以下是幾個會令人產生學習的幻覺的例子：

　　第一，螢光筆。學生筆袋裡面總有各種顏色的螢光筆去把重點標示出來，但心理學研究顯示大部分把重點以螢光筆標示的動作都是無意識下發生的，是一個自動的、慣性的動作，所以對提高記憶質量沒有幫助。要怎樣正確使用螢光筆呢？就是必須令標示的內容和你的生命產生聯繫，這樣螢光筆才能達成聚焦的功能。但很多筆記中用螢光筆劃上的內容對學生來說根本是沒意思的，溫習時也不管有沒有螢光筆的標示，結果還是要全部讀一

次，那麼用螢光筆的原意是什麼？

　　第二，抄筆記。有些學生很喜歡自製筆記。這不是壞事，因為書寫有助加深記憶，這是有實證支持的。但是在自製筆記的時候，大部分的內容都是完全複製自老師提供的筆記，也就是說把所有內容非常美觀地重新抄一次，這種方法非常費時且作用不大，性價比其實不高。正確做法應該是將自己消化了的知識用系統化的形式表達出來，並不是純粹的重抄一次。

　　第三，讀書小組。讀書小組本來是一件好事，因為你有機會把知識像一個老師一樣說給同伴聽，像前文說的，你明白的東西必定能用你的說話簡單表達出來，把知識說給同伴聽也就是測試自己是否明白的最佳方法。但是，更多的讀書小組其實只是在浪費時間，全都用來聊天、玩耍、開玩笑，九小時的溫習中，可能有三、四小時都是在做和學習沒有關係的東西，難怪學習效率極為低下，也不能幫助你提高記憶質素。

　　以上三點都會令你產生學習的幻覺，令你覺得自己很「勤奮」，花了「很多」時間在學習上。但原來全部都是虛幻、不真實的，所做的也是無用的。

　　人的大腦喜歡為接收到的資訊尋找意義，沒意義的資訊我們是沒辦法記住的，正如一個圍棋大師也沒法記住不具意義的棋局一樣。當我們學習時，當我們看書時，無論如何，無論你覺得看到的知識與你的生命是多麼的沒有關聯，你也要努力地尋找出那個連結，你要為學到的知識標記上一個屬於你自己的意義，你要將知識融入生命，你要運用知識改變思想及行為，這樣有個人意義的知識才能永久牢記，這樣才是真正的學習。

*"The roots of education are bitter,
but the fruit is sweet."*

Aristotle

*"The greatest gift you can give a child is the freedom to be his or her own person."*

Erik Erikson

第二章

# 戀愛及婚姻

戀愛與婚姻在人類生活中具有至關重要的地位，它們不僅是人類情感的核心體驗，更是社會結構的基石。心理學作為一門探討人類心靈活動和行為規律的科學，自然對戀愛與婚姻這一主題充滿興趣。本章將運用心理學理論和研究成果，深入探討戀愛與婚姻的奧秘，並提供一些實踐建議，以幫助讀者在戀愛與婚姻中找到幸福。

# 初期吸引力

我們知道一個人之所以吸引，其中一個原因是他們和自己很相似，可能是成長經歷、嗜好、習慣、價值觀，甚至口味。你也可以回想一下你和現在的男／女朋友剛開始發展關係的時候，你做了多少「裝一樣」的行為？小至口味，大至價值觀，都恨不得和對方一樣，因為這樣大家都會覺得很有「緣分」，從而增加彼此好感。

戀愛通常始於初期吸引力（initial attraction），而初期吸引力由三個方面構成，包括物理吸引力（physical attractiveness）、距離感（proximity）及相似性（similarity）。

物理吸引力是指外貌上的吸引力，外貌吸引力可以細分為面部及身體的吸引力。在面部吸引力上，臉龐越對稱的人會被人感覺越漂亮。而在身體吸引力上，其中一個廣為科學研究接受的因素便是腰臀比例，因為腰臀比例能突顯一個人（尤其是女性）的身體線條，女性的腰臀比例以1:1.5較為吸引，而男性則是1:1。心理學研究發現，人們通常會被相對自己而言外貌較優秀的人所吸引。而擁有吸引的外貌在人生各個面向都會有好處，因為人類對樣貌娟好的人有一種很正面的刻板印象（stereotype），總覺得他們較聰明、辦事能力較佳、更值得信任等。我們都知道這種

刻板印象有一種過度廣義化及以偏概全（over-generalization）的情況，而絕不是每個外貌好的人就一定聰明。但人類的大腦就是這樣思考，所以樣貌好的人往往吸引力也會大一點。

第二個會影響兩人初期吸引力的因素便是物理上的距離。物理距離越近的人，更容易會覺得對方是吸引的，這就是我們常說「近水樓台先得月」的概念。你會更容易和你的同班同學發生感情，你也會更容易和你一起工作的同部門同事發生感情。物理距離近的二人由於可以經常見面，較容易產生好感。這種「日久生情」的心理學機制是怎樣的呢？這可從單純曝光效應（mere exposure effect）去解說，單純曝光效應指的是若然一個刺激物（stimuli，可以指任何東西，包括物件和人）重複出現在你眼前，你對這個刺激物的接受程度及好感度就會上升。這是因為大腦處理熟悉的刺激物時會較輕鬆，所以大腦也比較喜歡這些刺激物，好感度就是如此產生。一位男士能透過不斷的電話及鮮花攻勢奪得美人歸就是依靠這個機制。同樣地，廣告能讓人增加購物意欲也是靠單純曝光效應。但是，千萬不要誤會就算對方多麼不喜歡自己，也可以靠著「死纏爛打」的方式去感動對方。研究顯示，單純曝光效應的有效性視乎個人本來對刺激物的觀感，假如本來那個女生就很討厭你，你再不斷出現在她身邊的話，這種討厭只會與日俱增。

第三點的相似性指的是個人品味、價值觀和興趣愛好的相似

程度。研究顯示，相似性有助於增強關係的穩定性和滿意度，也有助於兩人之間在相處初期打開話匣子，例如大家都喜歡攀石的話，就很容易加強交流。這就是我們常說的配對假說（matching hypothesis）。

相似性當然很容易增加彼此的吸引力，那麼「互補」又怎樣呢？兩個人雖然很不一樣，但取長補短、互相補足不是也很好、很吸引嗎？例如你不喜歡運動，你的另一半卻十分熱衷，在你跟另一半運動時，他會把你帶進一個新世界令你的生命加添色彩。而在生活上，一個像「木頭」的男人配上一個活潑的女孩子也真的十分常見。

至於「互補」這個問題，心理學研究告訴我們「相似」的威力遠遠大於「互補」的威力。在心理學研究的數據上，吸引力絕大多數情況都建立於「相似」。例如是開心的人喜歡和開心的人一起，而不是憂鬱的人和開心的人會更容易互相吸引。「互補」產生吸引力的證據十分微弱，只有很少的情況，例如「一個虐待狂和一個被虐狂」（dominance/submissiveness）的組合可能會是基於「互補」產生吸引力。心理學家戴維・巴斯（David Buss）曾說：「The tendency of opposites to marry, to mate...has never been reliably demonstrated with the single exception of sex.」意思是除了男女性別這個「互補」變項外，在其他方面都沒有強力證據顯示吸引力是基於「互補」的。

# 斯特恩堡的三角愛理論

　　三角愛理論（triangular theory of love）是由心理學家羅伯特・斯特恩堡（Robert Sternberg）於一九八〇年代提出的，他認為愛是一種複雜的情感，是由三個主要成分組成：親密度（intimacy）、激情（passion）和承諾（commitment）。這三個成分相互組合形成了不同類型的愛情。以下將詳細介紹斯特恩堡的三角愛理論以及各種愛的類型和特點，並提供相應的例子。

　　親密度是指與他人建立緊密、親近的情感聯繫，通常表現為理解和關心對方的需求和擔憂，以及與對方分享內心的想法和感受。親密度使人們能夠在愛情中找到情感上的滿足，並與他人產生深厚的連結。例如一對夫妻在婚姻中互相支持，共同面對生活的困難和挑戰。這對夫妻在感情上非常親密，他們經常分享彼此的喜悅和憂慮，並在對方需要時給予關愛和支持。

　　激情是指愛情中的生理和情感上的吸引力，表現為對對方的強烈渴望、慾望和興奮的感受。激情通常與浪漫愛情和性吸引力相關聯，並且在愛情的初期往往特別強烈。例如一對戀人剛開始交往，他們彼此互相吸引，經常渴望見對方、擁抱、親吻和性交。這種激情使他們的感情充滿活力和新鮮感。

承諾是指在愛情中對長期關係的承諾和負責，表現為對伴侶的忠誠以及維持和發展關係的努力。承諾使人們能夠在愛情中保持穩定和持久，並與他人建立可靠的伴侶關係。例如一對已婚夫妻在面對婚姻的波折時，堅定地相信他們的關係能夠克服困難，並努力維護和加強他們的感情。這種承諾使他們的婚姻能夠堅持下去。

根據這三個成分的不同組合，斯特恩堡將愛情分為以下八種類型：

第一種為非愛（non love）。非愛是指沒有親密度、激情和承諾的關係。這種關係通常是人們日常生活中的一般社交互動，如朋友、同事或鄰居之間的關係。例如在辦公室與同事打招呼，這種互動沒有特別的親密度、激情或承諾，屬於非愛的範疇。

第二種是純粹的喜愛（liking）。純粹的喜愛是指具有親密度但無激情和承諾的關係。這種關係通常表現為真誠的友誼，個體之間有著深厚的情感連結，但沒有浪漫愛情或承諾。例如一對好朋友經常見面消磨日子，分享彼此的心事和經歷，但他們之間沒有性吸引力，也沒有打算發展成戀人關係。

第三種是空虛愛（empty love）。空虛愛是指具有承諾但無親密度和激情的關係。這種關係可能出現在建立愛情關係一段時

第二章
戀愛及婚姻

間後，親密度和激情已經消退的婚姻中，夫妻之間僅剩下對婚姻制度和承諾的維護。例如一對夫妻在多年的婚姻中，彼此的感情已經淡化，他們不再有激情和親密度，但仍然在一起，因為這是他們對婚姻的承諾。

第四種是狂熱愛（infatuated love）。狂熱愛是指具有激情但無親密度和承諾的關係。這種關係通常出現在一見鍾情或短暫的風花雪月中，參與者可能強烈地被對方吸引，但缺乏深厚的情感連結和承諾。例如一個人在派對上遇到一個陌生人，被對方的外貌和魅力所吸引，他們可能會經歷一個充滿激情的短暫時刻，例如一夜情。

第五種是浪漫愛（romantic love）。浪漫愛是指具有親密度和激情，但無承諾的關係。這種關係充滿了浪漫和激情，但因為缺乏長期承諾，容易隨著時間的推移而消退。例如一對戀人經常共度浪漫時光，他們分享愛情故事和激情，但他們還沒有考慮未來的承諾，無法確定他們的關係能否持久。

第六種是友誼愛（companionate love）。友誼愛是指具有親密度和承諾，但無激情的關係。這種關係通常出現在長期的婚姻和親密伴侶之間，夫妻之間有著深厚的情感連結和承諾，但可能失去了激情。例如一對已婚多年的夫妻，雖然他們的激情已經逐漸消退，但他們仍然在一起，互相支持和關心，並對彼此忠誠。

　　第七種是愚昧愛（fatuous love）。愚昧愛包含激情和承諾的關係，但缺乏親密度。愚昧愛可能表現為一種強烈的吸引力和對伴侶的忠誠，但在情感上卻遠離彼此。在這種關係中，雙方可能更注重物質層面的需求，而忽略了情感上的交流和支持。愚昧愛可能是不穩定的，因為在缺乏親密度的情況下，激情和承諾可能會逐漸消退。要達到更持久且全面的愛情，需要在親密度方面更加努力和投入。

　　第八種為完全愛（consummate love）。完全愛是指具有親密度、激情和承諾的關係。這種關係被認為是愛情的理想狀態，因為它將三個主要成分融合在一起，形成了一個既緊密又充滿活力，並且具有承諾的伴侶關係。例如一對夫妻在多年的婚姻中，仍然保持著深厚的情感聯繫（親密度）、強烈的吸引力（激情）和對彼此的忠誠（承諾）。他們共同面對生活的挑戰，並且努力維護和發展他們的關係，使之保持活力和新鮮感。完全愛是許多人在愛情中追求的目標，但要達到這樣的狀態並不容易，需要雙方不斷努力、溝通和適應。此外，完全愛可能會隨著時間的推移而變化，因此保持完全愛需要持續的努力和關注。

 # 初戀及成熟愛

　　戀愛是人類情感世界中一個重要且複雜的現象，它可以分為兩個主要階段：初戀（戀愛初期，不一定是第一次戀愛）與成熟愛。這兩種愛情形式具有顯著的差異，但它們同時也相互補充，共同構建了一個完整的愛情體驗。

　　初戀（戀愛初期）是戀愛關係的起點，它充滿了激情、浪漫和新鮮感。在這個階段，戀人們傾向於將對方視為完美無瑕，忽略他們的缺點，並將他們捧上神壇。戀人們通常將對理想化，過分強調他們的優點，忽視他們的缺點，使人們對戀情充滿期待和幻想。初戀中的人也是激情高漲的，他們經常感受到強烈的生理激動，如心跳加速、臉紅、顫抖、性興奮等。而這些充滿激情的生理反應也令他們感受到愉悅。初戀期間總是美好的，美好得令戀人們常常沉迷於對方，無法自拔。他們可能會花大量時間和精力在對方身上，忽略其他生活領域，如工作、學業、社交等。對對方過分地沉迷，隨之而來的卻是一絲絲的不安全感。在充滿甜蜜後，可能會擔心對方不再愛自己或離開自己。有些人甚至會發展為過度依賴、控制慾和嫉妒等不良行為。

　　戀愛的初期總是甜蜜，但這世上從來沒有一種事物是永恆不變的。戀愛初期過後，激情慢慢歸於平淡，一些戀人由於再沒有激情的加持，開始回歸理性，爭執變多，最終分手收場。但還有另一些戀人跨過戀愛初期後的感情變淡的階段，令戀愛昇華變做「成熟愛」。

　　成熟愛是一種更加深入、持久的愛情形式，它以親密、承諾為基礎。成熟愛的戀人們能夠看到對方的真實面貌，接受他們的優點和缺點。他們不再將對方理想化，而是努力理解和欣賞對方的個性和價值觀。成熟愛的戀人們在情感上具有深度的親密度，因為他們重視有效的溝通，透過傾聽、理解和尊重對方的觀點，並以開放的心態面對問題及努力解決彼此之間的矛盾和分歧。他們互相支持、理解和關懷，在戀情與其他生活領域之間取得平衡。他們瞭解戀愛不是生活的全部，也重視自己的事業、家庭、朋友等其他方面。他們高度親密，而這種親密度建立在長時間的相處、分享和合作基礎之上，使戀情更加穩定和牢固。在這種關係中，戀人們將對方視為成長的伙伴，鼓勵對方不斷進步和自我提升。他們彼此學習，互相激勵，共同成長。他們對彼此的承諾更為堅定，不再容易受到外界因素的影響。他們願意為關係付出時間和努力，以確保戀情的持久和健康。

　　初戀與成熟愛之間的轉變是一個漸進的過程，涉及了戀人對愛情觀念的變化和心靈成長。在這個轉變的過程中，戀人之間的經歷、各自的成長、彼此加深的信任感，以及更好的溝通技巧都起著重要及正面的影響。戀情的穩定和持久往往需要時間和經歷去實現。隨著戀人在愛情中遇到的挑戰和困難，他們會逐漸學會如何處理問題，並建立更加成熟的愛情觀。自我意識的提高有助於戀人更好地理解自己和對方，從而促使初戀向成熟愛轉變。通過自我反思和成長，戀人能夠更加客觀地看待戀情，並作出更有利於關係發展的選擇。信任是愛情關係的基石，它能夠促使戀人走出初戀的不安全感，進入更加穩定的成熟愛階段。建立信任需要時間和努力，包括誠實、忠誠和透明等方面。有效的溝通是促使初戀向成熟愛轉變的重要手段。戀人們學會如何表達自己的需求、感受和期望，並傾聽對方的觀點，有助於維護和加深戀情。

*"Love is not only something you feel,
it is something you do."*

John Dewey

 浪漫的幻想

在人際關係中，尤其是浪漫關係（romantic relationship），我們往往容易陷入許多價值觀念上的幻想（illusion）。這些幻想很可能源於大眾媒體，如愛情小說、電視劇和電影的描繪，這些媒介讓我們容易對愛情關係抱持著許多不切實際的期待。其中兩個最為顯著的幻想如下：

**對方能讀懂我的心（mind reading）**：很多人認為真正的愛情是不言而喻的，戀人之間可以心靈相通，無須多言。他們相信，當兩個人相愛時，喜怒哀樂都可以毫無隱瞞地分享。如果遇到一個需要解釋自己內心的人，他們可能會認為這段感情並不是天注定的，雙方性格可能不夠匹配。

**必須什麼都贊同（agreeing on everything）**：有些人認為戀人之間必須在各方面保持一致，無論是口味、價值觀還是處事方式。他們期待對方能自然地贊同自己的想法和舉止，同時也樂於接受對方的一切。因為在他們看來，沒有衝突的愛情才是永恆的愛情。

然而，如果你對愛情抱有這些不切實際的幻想，筆者建議你別再沉迷於愛情小說和韓劇了。以上提到的兩個幻想都屬於錯誤的認知（cognition）。

愛情遠比簡單的相互吸引更為複雜，它意味著兩個人需要高度互動，進行多層次的社交行為。我們不能將愛情理想化，而應該用腳踏實地的心態去經營它，把它當作一門需要投入心力的事業。世上沒有人能完全讀懂你的內心，除非你主動與他們分享；同樣，也沒有人能永遠支持你的想法和行為，除非你耐心解釋自己的想法和行為背後的原因。

在面對情感矛盾時，一般可分為兩類人：第一類人害怕矛盾，認為它意味著彼此的關係存在缺陷，令他們覺得自己的愛情不夠優越；另一類人恰恰相反，他們不喜歡矛盾，卻將其視為一個改進雙方關係的機會，因為他們認為矛盾暴露了彼此的弱點，這是一個很好的機會去改善弱點，是令雙方關係更加堅固的契機。

若你和伴侶彼此深愛，那麼你願意成為哪一類人呢？你會避開已經出現的問題，強行維持表面的和諧？還是，像朋友一樣坦誠地向對方表達自己的感受，並且懷著一顆樂於解決困難的心，認為困難、矛盾和問題都是成長的契機呢？

　　為了建立更穩定、更健康的愛情關係，我們應該正視愛情中的幻想，並以更成熟和現實的心態去面對問題。以下是一些建議，可以幫助你和伴侶共同成長：

**建立良好的溝通：**與其期待對方能讀懂自己的心，不如把心聲說出來。有效的溝通有助於增進彼此的理解，避免誤解和猜忌。

**學會妥協與適應：**在愛情中，雙方都需要在某些問題上妥協，並學會適應對方的不同。這不僅有助於解決矛盾，還能令雙方更加尊重彼此。

**保持獨立：**每個人都應該保持自己的興趣和生活，而不是完全依賴對方。這樣可以令雙方更加珍惜在一起的時光，並且有助於避免過度依賴所帶來的壓力。

**共同成長：**將困難和矛盾視為成長的機會，而不是問題。一起面對挑戰，並且從中學習和成長，可以讓愛情更加堅定。

**保持真誠：**在愛情中，真誠是最重要的品質之一。對自己和對方都要誠實，這樣才能建立起信任和尊重。

# 心理學之移情別戀的原因

　　我們都會觀察到情侶們談戀愛久了就會分手，這尤其在年輕的情侶中更為常見。有些分手原因是因為「移情別戀」，從心理學的角度我們要如何理解這個現象呢？

　　以進化心理學分析，男女移情別戀的原因是不一樣的。雄性動物移情別戀的動機是因為他們的DNA著重繁殖價值（reproduction value），接觸更多的異性可以增加繁殖的機會，對維持人類種族有幫助，這種進化適應性烙印在雄性人類的DNA上，令他們產生「花心」的傾向。雌性人類移情別戀的原因不在於增加繁殖價值（因為她們的懷孕期長達十個月），而是在於尋找更好的資源提供者（resource provider），所以她們會放棄較弱的雄性人類，轉而投向擁有更豐富資源的。

　　從神經科學的角度上解釋，當你和同一個人相處久了，你會「厭倦」。為什麼呢？因為腦細胞被同一個刺激物持續刺激時，其敏感性會下降。所以一個人看久了，你會厭倦。即使是美女帥哥，看一兩個月後都會習慣下來，覺得沒什麼特別了。當你「厭倦」了，看到新刺激物（新認識的男生／女生）時，大腦便會異常敏感，這或許就是「新鮮感」在神經科學上的簡單解釋。

當然這兩個解釋只是一些非常籠統的分享，真正導致移情別戀的原因多種多樣、十分複雜，絕不能一概而論。

 ## 戀愛關係中的質素

現代人的戀愛關係向來都充滿波折，能夠走到最後、白頭偕老的例子越來越少。要從心理學的角度去研究戀愛關係的質素受哪些因子影響，絕不是一件容易的事，主要原因是戀愛關係實在太複雜，同時間受多種因素交互影響。經過著重使用科學實證方法研究人類行為的現代心理學的梳理下，其中有三個因素被認為和維持戀愛關係較有關係，分別是一個人的依附類型（attachment style）、關係中的相互平等（equity）及溝通時的自我披露（self-disclosure）。

### 依附類型

所謂依附，在心理學術語上指的是嬰兒和照顧者（一般指媽媽）之間的連結（bonding），而這種連結是有好有壞的。

　　簡單地說，心理學理論認為孩童的時期和媽媽之間的關係質素，對於一個人日後建立人際關係的世界觀會很不一樣，尤其在於「信」（trust）這個字上。這也和艾力克森的心理社會發展階段理論中的第一階段所提出的內容是一致的（請參閱本書的導言）。一個在充滿愛的家庭下成長的小朋友，會較易建立一個對人和世界有信任感的性格基礎；相反，來自缺愛家庭的人，往往都對人和自己充滿懷疑。例如，你是否相信別人真的愛你，你是否相信別人在和你建立關係時的態度，你是否相信自己值得被愛等。有人會問，一個孩童和媽媽之間的關係會差嗎？不是每個媽媽都非常疼愛自己的孩子嗎？這裡有兩個層面可以去理解一下。第一，有時候因為生活、疾病及個人的各種原因，媽媽不一定會疼愛孩子。例如媽媽終日為口奔馳，並沒有精力去疼愛孩子；又例如一個未婚懷孕的媽媽，由於並沒有迎接小孩的心理準備，所以可能會認為孩子是負累，這樣的媽媽也未必會疼愛孩子。第二，媽媽的疼愛可能是一種錯誤或失去分寸的疼愛，例如對孩子過分溺愛、過分保護、過度期望等。

　　在嬰孩和照顧者的不同互動（dynamic）下，會出現數種依附類型，包括安全感型依附（secure attachment），以及數種非安全感型的依附，包括抗拒型依附／焦慮矛盾型依附（resistant attachment/anxious-ambivalent attachment）、逃避型依附（avoidant attachment）及混亂型依附（disorganized-disoriented attachment）（詳情可參閱〈第三章：育兒及教養〉）。

**安全感型依附：**這類人在親密關係中感到自信和舒適，他們能夠在適當的程度上依賴他人，同時也允許他人依賴自己。安全感型依附的人往往在情感上表現出穩定、適應性強的一面，有著較為優秀的情緒智慧。他們能夠建立健康的關係，並在遇到困難時尋求和提供支持。在嬰兒期建立起安全感型依附的人，成年後也比較容易建立到安全感型依附。他們對自己及他人都持正面態度，對建立親密關係沒有什麼焦慮感，也不會抗拒與別人建立親密關係。在追求自主性及依附他人上取得很好的平衡，有很好的心靈自由度，在建立親密關係上很容易成功。

**抗拒型依附／焦慮矛盾型依附：**這類人經常擔心伴侶不愛他們或將拋棄他們。他們可能會表現出過度依賴、尋求關注和批准的行為。在親密關係中，焦慮矛盾型的人可能會過度擔憂失去伴侶，並經常需要得到安慰和確認。他們可能在關係中表現出強烈的情感波動和依賴需求。在嬰兒期建立焦慮矛盾型依附的人，成年後較容易建立起心神被佔據型依附（preoccupied attachment）。這類人對自己持負面態度，對他人持正面態度，是一種把自身變得卑微的心態。他們對建立親密關係非常焦慮也非常抗拒。他們的心像空了的一樣，很需要被愛，藉此證明自己有價值，但同時又很害怕被遺棄，會很容易將焦慮表達出來。

**逃避型依附：**這類人通常對親密關係抱有戒心，並努力保持獨立和自主。他們可能會逃避情感上的交流和依賴，並在關係中保持距離。逃避型依附的人可能難以建立深刻的親密關係，並可能在面對困難時選擇獨自應對，而非尋求他人的支持。在嬰兒期建立逃避型依附的人，成年後則較傾向建立逃避排除型依附（dismissing attachment）。這一類人對自己持正面態度，對他人則持負面態度。他們性格上比較沒有焦慮感，卻在建立親密關係上顯得十分抗拒。他們不會表達情緒，極端獨立，不想和他人走得太近及依賴他人。

**混亂型依附：**這類人在與照顧者互動時，會表現出充滿矛盾和不一致的行為。混亂型依附可能源於童年時期經歷了不一致、被忽視，甚至被虐待等照顧方式。這使得兒童無法建立穩定的依附模式，因此在面對壓力或分離時，他們可能會表現出無法預測和自相矛盾的行為。混亂型依附在成人依附風格中可能最接近恐懼型依附（fearful attachment）。他們無論對自己或他人都持負面態度，在性格上焦慮度較高，十分抗拒與他人建立親密關係。他們自我價值低、希望依賴別人但又害怕親密關係、完全不懂如何和思想一致地表達親密行為。

## 關係中的相互平等

依附類型的影響來自於內在的心理狀態，如果沒有特別留意，很多人也並不瞭解和察覺自己在戀愛關係中的行為及思想特徵。至於關係中的相互平等，則是顯露在外，容易被觀察和感受。簡單地說，關係中的相互平等指的是一段戀愛或人際關係中，各人的付出沒有存在巨大的差異。追求一致的絕對平等是沒必要也很難做到，但是如果出現難以接受的巨大差異，便會影響關係質素。例如情侶兩人對於對方的付出（時間、專注、金錢等方面）是否比較平等，是否都在意和關心對方的需要等。當自己為了對方努力時，如果只能換取對方的理所當然或不瞅不睬，絕對會感到十分灰心，也會懷疑對方有否愛過自己。這種心理狀態絕對影響戀愛關係中的質素。

## 自我披露

自我披露是對一段關係中的親密感十分重要的東西。所謂的自我披露，就是你有沒有打開你的心扉，用你的內心和對方相處。你會否願意分享你的內心世界，不論正面或負面，都讓你的另一半知道？我想如果大家嘗試去回想是什麼原因會令你跟一個人混熟的話，大家都必定會想到以下的情況：

那天他喝醉了，跟我說了很多心底話。

我們那天一起去露營，說了很多平常不會聊到的話題。

那天他對我哭了很久，說了很多內心的感受。

敞開心扉，真誠將自己的內心交付給別人，正是自我披露，並和別人混熟的最佳方法。看到這裡，大家可能已經聯想到自我披露與依附類型是有關的。由於非安全型依附的人對別人都比較有戒心，也會刻意和別人保持心靈上的距離，所以自我披露對他們而言是比較困難，而這點也是他們不容易建立一段親密關係的原因。

 # 婚姻滿意度

婚姻滿意度是指夫妻雙方對婚姻生活的滿意程度，它涉及情感、心理、生活方式等多方面的因素。從心理學的角度來看，婚姻滿意度受到個體特徵、溝通方式、情感互動以及外部環境等多方面因素的影響。

## 個體特徵與婚姻滿意度

個體特徵，如性格、價值觀、信仰、教育水平等，對婚姻滿意度有著重要影響。夫妻雙方性格相似有助於提高婚姻滿意度，相似的性格特點有助於增強夫妻之間的默契和理解，減少矛盾衝突。此外，共同的價值觀和信仰也有助於維持婚姻的穩定和滿意度，因為它們在很大程度上決定了夫妻在家庭角色分工、子女教育、財務管理等方面的觀念和行為方式。

## 溝通方式與婚姻滿意度

有效的溝通是維持婚姻滿意度的關鍵因素。心理學研究表明，夫妻雙方具有良好的溝通技巧，如能夠表達自己的感受和需求、傾聽對方的意見、尊重對方的觀點等，有助於提高婚姻滿意度。相反，缺乏有效溝通的夫妻往往更容易產生誤解和衝突，導致婚姻滿意度降低。

## 情感互動與婚姻滿意度

情感互動是影響婚姻滿意度的另一個重要因素。心理學研究發現，夫妻之間經常表達愛意、支持和關懷，能夠增強情感連結，提高婚姻滿意度。同時，具有良好的情緒管理能力，如能夠

適當地表達和應對負面情緒，也對婚姻滿意度具有積極影響。相反，情感冷漠、缺乏支持和關懷的夫妻關係往往會導致婚姻滿意度下降。

## 外部環境與婚姻滿意度

外部環境因素，如經濟狀況、社會支持、文化背景等，也對婚姻滿意度產生影響。經濟狀況穩定的家庭往往具有較高的婚姻滿意度，因為經濟基礎可以為家庭生活提供保障，減少夫妻之間的經濟壓力和矛盾。此外，良好的社會支持，如親友的關懷和幫助、專業的心理諮詢和治療等，對維護婚姻滿意度具有積極作用。不同文化背景的夫妻需要投入更多時間和精力來瞭解對方的文化價值觀和生活方式，以促進跨文化婚姻的和諧與滿意度。

除了以上一些影響婚姻滿意度的宏觀因素外，筆者也有從事相關的研究，所以希望在本書中將研究的初步數據及結果跟讀者分享。

筆者想跟大家分享的是一個關於育兒及婚姻關係（marital quality）的研究，這是筆者一位學生的畢業論文研究題目。研究的主旨十分簡單，就是探討我們還是小孩時，家長對我們的教養模式（parenting style）會不會持續影響自己在婚姻關係中

的自處，從而影響婚姻質素。在最初的階段，研究找到一百多位成年已婚的參加者填寫問卷。這份問卷裡包含各種心理學量表（scale）去量度他們在人生頭十六年從父母接受到的教養模式，以及對現今婚姻的滿意程度、性格、價值觀、社會經濟地位等因素。在介紹初步發現前，讓我們首先說一說教養模式的種類。

在研究中，我們採用Parker、Tupling和Brown在一九七九年提出的量表去量度成年人對於自己接受到的教養模式的認知（perceived parenting style）。這個量表用兩個面向（dimension）去量化教養模式，分別是關愛（care）及過度保護（over-protection），按其高低程度可以組合成四種教養模式，分別是：

- **高度關愛亦同時過度保護（affectionate constraint）**
- **只有過度保護，沒有關愛（affectionless control）**
- **高度關愛，而沒有過度保護（optimal parenting）**
- **沒有關愛也沒有保護（neglectful parenting）**

被認為最好的教養模式就是高度關愛孩子的需要及感受，而同時又尊重他們的自主性，放手讓他們去嘗試新事物，令他們敢於面對挑戰，不會過度保護，向直昇機家長說不。

　　筆者在非常初步的資料分析中已經發現了一些很有趣的結果。在媽媽過度保護孩子方面（對，爸爸對孩子的影響力真的比媽媽要少很多……），我們發現受媽媽過度保護的孩子，長大後（參加者都是已婚的成年人）在某些方面都會比沒有媽媽過度保護的群體有較差的表現，例如：

**自主性（autonomy）**：媽媽過度保護下，會過分干預孩子的選擇，久而久之，孩子便會慢慢養成凡事聽媽媽的定奪的習慣，缺少自己當家作主的自信。

**與人之間的關聯性（relatedness）**：在過度保護下成長的小孩，對自信的建立會有阻礙，因為他們很少嘗試自己去幹某些事情，自信不足對於建立人與人之間的關係也會有所影響。例如，由於一個人的自信不足，他可能會對別人的話語過度敏感，以致產生人際關係中的不安。所以在我們的研究數據中，也發現在媽媽過度保護下成長的人的婚姻關係質素也較差。

**能力（competence）**：同上，自信不足對學習新技巧、獲取新知識也會產生很大的阻力。

**人生意義感（meaning in life）**：上面三個因素——自主性、關聯性及能力合稱基本心理需求（basic psychological needs）——是一個人的內心變得堅實、安穩的基石。這個基石

對於發展幸福感、人生目標及人生意義有著很重要的地位。大家可以想像，一個人的內心是空虛的話（empty self），如何能產生夢想？如何能朝向目標邁進？沒有一個生命的方向，人生意義便顯得虛幻了。

**物質主義中心（materialistic centrality）**：物質主義中心是一種將擁有物質享受定義為生命中心的價值觀。這裡有一個有趣的發現，在過度保護下成長的孩子，很容易會將生命的重心放在外在世界及別人身上，因為他們習慣凡事必先得到媽媽的准許（approval），久而久之，這種尋求准許（approval seeking）的模式也會投射在朋友及伴侶身上。將生命之火放到外在世界會慢慢抽空內在世界，一個空虛的內心必須要有外在的刺激來填滿，所以空虛的人往往需要更多刺激及別人的認同及關注，而擁有物質享受便是其中一種來自外在世界的刺激，而透過滿足無盡的物慾需求，空虛的內心也暫時能被填滿。可惜，這只是暫時的⋯⋯在這種心理狀態下，容易將專注力過分投放在伴侶身上，過分想得到伴侶的關注及認同，為伴侶帶來壓力的同時，自己也會失去自主性，心靈變得更加空虛，墮入惡性循環的漩渦之中。

 改善關係

　　我們看了這麼多關於戀愛及婚姻的資訊後，都會想知道到底要怎樣才能令自己的戀愛及婚姻變得更好吧？以下的部分，筆者將會講述這個話題。

　　在人類的愛情關係上，一般都以女性作為主導角色，在一個家庭中尤甚。大家有沒有聽過一句語錄──「When Mama ain't happy, ain't nobody happy」（如果媽媽不開心，那麼全家都沒人能開心）？當然無論在任何一種愛情關係（同性戀或異性戀），無論你作為哪一方，能令對方快樂是很值得的行為，也絕對能夠增加戀愛及婚姻關係的質素及和諧。

　　正念（mindfulness）的訓練令人更能集中於當下的時刻，對於訓練同理心聆聽（empathetic listening）十分有幫助。什麼是同理心聆聽？即是願意站在別人的角度，認真投入且非批判性（non-judgemental）地聆聽別人的傾訴內容。理解而不批判，就是同理心聆聽的重點之一。但是，不知道各位男朋友和丈夫，有多少次被女友投訴沒有留心聽她說話、沒有記住她的話，又或是埋怨你不明白她的心情呢？其實最主要是男朋友們沒有專注於當下的對話，腦海中總是思考其他東西（wandering off），所以女朋友說的東西總是不上心，轉眼就忘記了。當然，上述內容也

適用於女朋友身上。無論是男朋友或女朋友，丈夫或妻子，若能
運用同理心去專注聆聽對方的話，便能避免很多衝突的發生。

除了多運用同理心聆聽以及用行動去愛之外，其他可以改善
親密關係的方法還有以下幾方面：

**增強吸引力：**保持良好的外貌形象，培養個人品味。畢竟沒有人
喜歡身旁那一位放棄自己的外表，因此要管理好自己的外在及內
在，你自己容光煥發，伴侶也會更欣賞你。

**促進親密：**多投入時間和精力與伴侶保持情感聯繫，並主動表達
自己的需求和感受。這也是為什麼每對情侶每天都要花一點時間
單獨相處並聊天。

**提高承諾：**對伴侶保持忠誠，並尋求共同成長和發展的機會。

**維護婚姻滿意度：**努力提高夫妻間的溝通、信任、尊重和愛，並
積極解決婚姻矛盾。

*"The best way to nurture any relationship,
I think...is to give it space to breathe.
To have the courage to let it grow, and not to be
afraid of the growing pains."*

Meryl Streep

第三章

# 育兒及教養

人類是地球上的物種之一，每種動物都有繁殖後
代的生物本能，好讓自己的物種能一代一代流傳
下去。然而，現今社會有越來越多人選擇不婚及
不孕。根據聯合國人口基金會發佈的《2023年
世界人口狀況》，香港的生育率是全球最低，
每一百名婦女生育出大約八十名子女而已。的
確，在現代，生育子女不再像一萬年前般是一個純粹生物學上的決
定，更是一個心理及社會問題。我們現在面對的是一個物質豐富、工
作繁忙、個人獨立自主、經濟壓力巨大的年代。生育子女所涉及的資
源（包括時間、金錢、社會資源等）十分巨大，這實在嚇怕了一大群
人。當決定了生育子女，如何管教和培育子女也會傷透家長的腦筋。
「養兒一百歲，長憂九十九」，就是這個意思。

本章正是為了育兒這個人生面向而寫。筆者希望能透過心理學知識，
為各位家長提供一些參考，帶來一點啟發。

# 依附理論

　　依附（attachment）是指一個個體與另一個個體之間建立的一種情感連結，通常會有依賴特定照顧者和尋求其安慰的表現。依附理論（attachment theory）起源於英國心理學家和精神病學家約翰·博爾比（John Bowlby）的研究，他受美國心理學家哈利·哈洛（Harry Harlow）的猴子實驗啟發，提出了依附理論。依附理論認為，兒童與照顧者之間的依附關係對兒童的心理、情感和社會發展具有重要作用。

　　依附關係的形成通常發生在嬰兒和幼兒期，照顧者通常是孩子的父母或其他主要照顧者。依附關係的品質對孩子的成長和發展具有重要影響。研究發現，穩定、安全的依附關係有助於孩子建立自信和安全感，更好地應對壓力，並在社交互動中表現出更好的適應能力。

　　哈利·哈洛在二十世紀五十年代和六十年代進行了一系列關於猴子的實驗，旨在研究母子依戀關係的形成，以及親情和安全感對動物發展的影響。這些實驗被稱為哈利·哈洛的猴子實驗。

　　哈洛的猴子實驗主要包括兩個部分：無母實驗和布母實驗。以下分別簡稱為實驗1及實驗2。

**無母實驗（實驗1）**：哈洛將剛出生的猴子與其母親分離，讓這些猴子在沒有母親陪伴下成長。這一實驗旨在研究母子分離對猴子行為和心理發展的影響。無母實驗結果顯示，與有母親陪伴成長的猴子相比，無母猴子在行為和心理方面出現了顯著的異常。無母猴子更容易產生恐懼、焦慮，並且會在與其他猴子互動時表現出攻擊性和孤立行為。

**布母實驗（實驗2）**：哈洛為這些無母猴子提供了兩種替代母親。一種是由金屬製成的「鋼母」，鋼母可以提供奶水；另一種是由布料製成的「布母」，布母的外觀和觸感更接近真實的母猴，但無法提供奶水。哈洛觀察猴子在這兩種替代母親之間的選擇和行為。布母實驗結果發現，儘管鋼母可以提供奶水，但猴子更傾向於與布母建立依戀關係。當猴子感到恐懼或不安時，它們會尋求布母的安慰，而非鋼母。這表明，親情和安全感對猴子來說比物質上的食物及營養更重要。在行為學派（behaviourism）稱霸心理學界的當時，布母實驗的結果是令人震驚的。因為依照行為學理論，無母猴子應該和鋼母建立更深厚的依附關係，因為鋼母能提供奶水，而奶水是天然的具獎勵性的行為強化物（reinforcement），可以強化牠們之間的依附關係。但布母實驗結果表明，依附未必建基於物質化的東西，而是基於一種舒服溫柔的感覺（如布母給予的一種舒服觸感）。

哈洛的猴子實驗揭示了母子依附關係對動物（包括人類）的心理和行為發展具有重要作用。母子分離可能導致心理和行為問題。親情和安全感對動物的發展至關重要，甚至比物質（如營養）更重要，因此動物會與能提供親情和安全感的對象建立依戀關係。

哈洛的猴子實驗對心理學和兒童教育產生了深遠的影響。實驗結果促使人們重新思考親子關係和兒童成長環境的重要性，尤其是親情和安全感對兒童心理健康的影響。這個猴子實驗也影響了後世的心理學家去正式發展依附理論。依附理論認為，兒童與照顧者建立穩定的依附關係對兒童的心理和情感發展至關重要。這理論不但對兒童心理學和教育實踐產生了重要影響，同時有助於探討兒童福利制度，人們開始重視孤兒院等照顧機構中兒童的親情需求，並努力改善這些兒童的成長環境，以提供更多的親情和安全感。哈洛的猴子實驗也使人們意識到親子互動和親情對兒童的成長至關重要。家長和教育工作者開始重視與兒童建立穩定的親子關係，並積極參與兒童的教育和成長過程。

哈洛的猴子實驗啟發約翰・博爾比發展出依附理論。兒童天生具有與照顧者建立情感連結的需求，這種連結對他們的生存和發展至關重要。約翰・博爾比認為，這種需求是一種基本的生存驅動力，可以追溯到人類遠古的進化歷程。在人類進化過程中，與照顧者建立穩定的情感關係有助於提高兒童的生存機會，因此

這種需求在基因中得以保留。兒童與照顧者之間的情感連結是一種基本的生物需求，與飢餓、口渴等生理需求同樣重要。不論動物嬰兒或照顧者都有內在的自動機制去令依附得以發生。例如，成年人一般都會覺得動物的嬰兒時期十分可愛，這種對動物嬰孩本能上的喜愛增加了我們自願去愛、保護和照顧嬰孩的機率，使他們有較大機會生存下來。此外，成年人本能上覺得嬰孩的哭聲特別令人煩厭，這種負面感受也使他們更願意去制止嬰兒的持續哭鬧，變相解決了嬰孩們哭鬧的問題，而嬰孩哭鬧的原因都是對生存不利的，例如肚子餓、過冷過熱、生病等。

依附關係對兒童的心理和社會發展也具有重要作用。穩定、安全的依附關係有助於兒童建立自信和安全感，更懂得應對壓力，並在社交互動中表現出更好的適應能力。而依附關係的形成受到照顧者行為的影響，照顧者的敏感性、反應性以及家庭環境等因素都影響兒童與照顧者之間依附關係的品質。

約翰・博爾比的依附理論對心理學和教育領域具有深遠影響，尤其是在兒童心理治療、家庭治療，以及早期教育方面。依附理論提醒我們，建立穩定、安全的依附關係對兒童的成長和發展至關重要，照顧者應該適時發現孩子的需求，並為孩子提供持續和具有規律性的照顧，以幫助他們建立健康的心理和情感基礎。

在哈利・哈洛、約翰・博爾比之後，第三位對依附理論的完整性作出重大貢獻的心理學家要數瑪麗・艾因斯沃思（Mary Ainsworth）。瑪麗・艾因斯沃思是一位美國發展心理學家，通過她的研究，對依附理論進行了擴展和深化，特別是在依附類型（attachment style）的分類和評估方法方面。她最著名的研究是她在烏干達和美國進行的跨文化研究，這些研究對依附理論的發展具有重要意義。她觀察了兒童與照顧者在日常生活中的互動，並對兒童的依附行為進行了詳細描述，藉此確立了依附類型的分類。艾因斯沃思還開創了一種名為「陌生情境程序」（strange situation procedure）的實驗方法，用於評估兒童的依附類型。在陌生情境程序中，嬰孩會在一個房間中和媽媽一起玩耍，實驗人員會在房外透過玻璃向內觀察。實驗人員主要是想觀察人類嬰孩與媽媽分開和重遇時的情緒反應，從而得知嬰孩和媽媽之間的關係是好是壞（即我們所說的依附類型及質素）。該實驗包括八個短暫的分離情境（separation episode）和重聚情境（reunion episode），通過觀察兒童在這些情境中的行為反應，可以對他們的依附類型進行評估。這一方法已成為依附研究中的標準評估工具。

標準的陌生情境程序可分為以下八個步驟：

1. **房間有嬰孩和媽媽**（with mother）

2. **房間有嬰孩、媽媽和一個陌生人**
   （with mother and a stranger）

3. **媽媽離開房間，剩下嬰孩和陌生人**（alone with stranger）
   ——**分離情境**

4. **陌生人離開房間，獨留嬰孩數分鐘**
   （completely alone for a few minutes）

5. **媽媽回到房間和嬰孩重聚**（reunited with the mother）
   ——**重聚情境**

6. **媽媽再度離開房間**（alone again）——**分離情境**

7. **陌生人進入房間**（with the stranger again）

8. **媽媽再度回到房間和嬰孩重聚**（reunited with the mother）
   ——**重聚情境**

在分離情境和重聚情境中，嬰孩對於媽媽離開又回來的反應是分辨母子依附類型最具決定性的證據。

透過評估，艾因斯沃思發現有四種依附類型，以下分別是四種依附類型的嬰孩在陌生情境程序的行為表現：

## 安全感型依附（secure attachment）

　　根據來自全球各地的大量研究數據，大約有55%至60%的一歲嬰孩和媽媽建立出安全感型依附。在陌生情境測試中，當單獨和媽媽處於同一空間中，安全感型依附的嬰孩會以媽媽作為安全堡壘（secure base）探索周邊的環境，在探索的過程中，會和媽媽維持適當的近距離。當和媽媽分離後，嬰孩表現傷感及沮喪。當媽媽回到房間後，嬰孩會主動迎接，而沮喪的心情很容易就能被媽媽安撫。而當和媽媽在一起時，安全感型依附的嬰孩面對陌生人時也會表現得主動和開朗。他們在照顧者離開時表現出明顯的不安，但當照顧者返回時能迅速恢復情緒。安全感型依附的兒童通常對照顧者具有信任感，並在探索環境時表現出自信。

## 抗拒型依附／焦慮矛盾型依附（resistant attachment/anxious-ambivalent attachment，非安全感型）

　　研究數據指出，在一歲嬰孩跟媽媽的依附關係中，大約有10%屬於抗拒型。媽媽在嬰孩的探索過程中不會充當安全堡壘的角色，所以嬰孩敢於遠距離離開媽媽作探索。當媽媽離開時，嬰孩會感到非常沮喪；但當媽媽返回房間時，嬰孩的行為會變得十分矛盾，他可能在接近媽媽的同時持續表現沮喪，又或者對媽媽

的離開表現憤怒，拒絕媽媽的親近，甚至對媽媽作出攻擊行為。在媽媽的陪伴下，抗拒型依附嬰孩對陌生人表現得小心翼翼。這種嬰孩比較難以安撫。兒童在照顧者離開時表現出強烈的不安，但照顧者返回時，他們又難以被安撫。這些兒童在照顧者面前可能表現出依賴和抵制這兩個互相矛盾的行為。

## 逃避型依附（avoidant attachment，非安全感型）

大約有15%的一歲嬰孩和媽媽建立出逃避型依附關係。和媽媽處於同一房間裡，這種嬰孩會獨自玩樂，探索行為並不冒進。當媽媽離開房間時，他們並不會展現出沮喪情緒，當媽媽回到房間後，他們會表現冷漠或者避開和媽媽的肢體接觸。他們在媽媽或陌生人面前的行為表現沒多少分別，也是一副漠不關心和逃避的態度。逃避型依附嬰孩不同於抗拒型依附嬰孩，他們很少表達情緒，態度總是冷冷的，對照顧者的離開和返回似乎都沒有太大反應，跟照顧者的關係顯得疏遠，獨斷獨行。

# 難以分類的混亂型依附（disorganized-disoriented attachment，非安全感型）

　　大約有15%的一歲小孩在陌生情境測試中，和媽媽的行為互動並不符合以上三種依附類型，他們的表現十分不一致，亦很混亂，所以在後期的文獻中將其歸類成第四類的依附類型。和媽媽重聚時，這些嬰孩可能會表現呆愣，甚至躺在地上一動不動的，又或者會尋求媽媽安撫卻又突然抗拒媽媽的接近。他們對於媽媽可能抱有驚恐的心態，想接近媽媽的同時又想逃避。

　　以下是四種依附類型所顯示出的心理及行為特點：

| 安全感型依附 | |
|---|---|
| 信任 | 相信照顧者能夠滿足他們的需求。 |
| 自信 | 在探索環境和與他人互動時表現出自信。 |
| 情緒調節 | 能夠較好地應對壓力，並在照顧者的支持下恢復情緒。 |
| 社交能力 | 在人際互動中表現出較好的適應能力，更容易與他人建立友誼。 |

| 抗拒型依附／焦慮矛盾型依附 | |
|---|---|
| **不安全感** | 對照顧者的可靠性抱有懷疑，經常擔心被拋棄。 |
| **過度依賴** | 可能會過分依賴照顧者，對他們的關注和支持有強烈需求。 |
| **情緒波動** | 情緒易受外界影響，容易變得焦慮、緊張或激動。 |
| **社交困難** | 在人際交往中可能表現出過度依賴或抵制的行為，與他人建立關係可能存在困難。 |

| 逃避型依附 | |
|---|---|
| **疏遠感** | 會在照顧者面前表現出疏遠和獨立的行為，避免表達對照顧者的需求。 |
| **過度獨立** | 可能會過分強調自己的獨立性，拒絕他人的幫助和支持。 |
| **情緒隱藏** | 會壓抑自己的情緒需求，難以表達真實感受。 |
| **社交障礙** | 在人際關係中可能表現出冷漠和疏遠，與他人建立親密關係可能存在困難。 |

| 混亂型依附 | |
|---|---|
| **混亂行為** | 在照顧者面前表現出無法預測和理解的行為，可能會尋求關注，但又會抗拒親密舉止。 |
| **無法建立信任** | 難以建立對照顧者的信任，可能依賴又害怕照顧者。 |
| **情緒失調** | 可能在情緒調節方面存在困難，表現出極端的情緒反應。 |
| **社交問題** | 在人際交往中可能表現出不穩定和混亂的行為，與他人建立關係亦會面臨重重困難。 |

　　需要注意的是，這些心理特質表現並不是絕對的，依附類型可能隨著環境和經歷的變化而改變。此外，依附類型也可能對兒童後期的心理和社會發展產生影響，但這些影響並非不可逆轉，適當的支持和干預可以幫助兒童建立更健康的依附關係。

　　現在我們知道各種依附類型的特質，那麼究竟有什麼因素會影響各種依附類型的形成呢？

 **媽媽的角色**

在傳統的佛洛伊德心理學中，媽媽哺乳時表現放鬆，讓嬰兒滿足口部的吸吮慾望，能令嬰孩和媽媽之間建立安全感依附。傳統的行為學派則認為媽媽是嬰兒食物的來源，食物是建立嬰孩和媽媽之間安全感依附關係的重心。不過這些叱吒上世紀的早期心理學概念都被哈利・哈洛的猴子實驗一一質疑。除了哈利・哈洛提出的舒適物理接觸（contact comfort），現代心理學的依附理論普遍認為安全感型依附來自於媽媽無微不至、充滿責任感的愛護。抗拒型依附的形成是由於媽媽的行為表現得忽冷忽熱，以及不太回應嬰孩的需求。逃避型依附的形成則是媽媽對嬰孩會表現出厭惡（例如覺得嬰兒很麻煩）或過分騷擾（過分刺激嬰兒）的行為。至於難以分類的混亂型依附，有證據顯示這類型的嬰兒中有80%曾遭受媽媽體罰。

## 嬰兒的角色

嬰孩的性格也會影響依附類型的形成。但研究發現均認為嬰兒性格對於形成依附類型的影響其實相常微弱，也就是說，媽媽的角色和責任重要得多。

## 環境的角色

　　貧窮、疾病、未婚懷孕、夫妻家庭不和睦、文化等環境因素會影響嬰孩和媽媽之間依附類型的形成。這不難理解，例如一個媽媽因為家裡經濟環境或夫妻關係不和諧而產生很多壓力及情緒困擾，使媽媽不能盡全力去愛護嬰兒。文化因素方面，例如一些傳統觀念會叫我們不需要理會嬰孩的哭叫聲，認為他們哭久了哭累了就不會哭了，但其實這是極不理想的育兒方法，嬰兒的哭聲代表著他們有需要，若然這些需要久久未能得到回應及解決，嬰兒會感覺無助，繼而變得不太信任媽媽，這樣也無法發展出他們對其他人的信任感。

　　約翰・博爾比的依附理論，其中有一個觀點是依附關係在生命週期內具有持續性，即早期建立的依附關係可能影響個體在未來人際關係中的行為模式，所以在嬰孩期建立的依附關係也會影響到成年後和身邊的人建立親密關係，嬰孩期的依附類型也會對應著成年後的依附類型。即使長大成人，也會希望和別人親近，在親密關係中一樣會呈現分離焦慮。嬰兒期間建立的依附類型對成年人建立親密關係的質素密不可分。

　　成年人的依附類型（adult attachment style）是由嬰兒時期和媽媽建立的依附類型發展出來的。成年依附類型也分為四類，分別是：安全感型依附、心神被佔據型依附（preoccupied

attachment）、逃避排除型依附（dismissing attachment）及
懼怕型依附（fearful attachment）。它們都發展自不一樣的嬰
兒時期依附類型，可參考以下：

| 成年期<br>依附類型 | 嬰兒期<br>依附類型 | 性格及行為特徵 |
|---|---|---|
| 安全感型<br>依附 | 安全感型<br>依附 | 對自己及他人都持正面態度，低焦慮、低抗拒親密關係。在追求自主及依附他人上取得很好的平衡，有較高的心靈自由度，在建立親密關係上很容易成功。 |
| 心神被佔據<br>型依附 | 抗拒型依附／<br>焦慮矛盾型<br>依附 | 對自己持負面態度、對他人持正面態度，高焦慮、低抗拒親密關係。很需要被愛，以此來證明自己有價值，但同時又很害怕被遺棄。會很容易將焦慮表達出來。 |
| 逃避排除型<br>依附 | 逃避型依附 | 對自己持正面態度、對他人持負面態度，低焦慮、高抗拒親密關係。不懂表達情緒，因為怕受傷害而抗拒親密關係，極端獨立，不想和他人走得太近及依賴他人。 |
| 懼怕型依附 | 混亂型依附 | 對自己及他人都持負面態度，高焦慮、高抗拒親密關係。自我價值低，希望依賴別人又害怕親密關係，完全不懂如何和思想一致地表達親密行為。 |

*"We are born in relationship, we are wounded in relationship, and we can be healed in relationship."*

Harville Hendrix

# 教養模式：過度保護的壞處

在上一章中，筆者已提及過家長教養模式的其中兩個面向分別是關愛（care）及過度保護（over-protection），這兩個面向按不同高低程度又可以組合成四種教養模式，分別是：

- **高度關愛亦同時過度保護（affectionate constraint）**
- **只有過度保護，沒有關愛（affectionless control）**
- **高度關愛，而沒有過度保護（optimal parenting）**
- **沒有關愛也沒有保護（neglectful parenting）**

筆者在上一章中用自己研究所收集的數據，發現在家長過度保護下的孩子，相比沒有被過分保護的孩子，在自主性、與人之間的關聯性、能力感和人生意義感這四方面表現得較差。其中自主性、關聯性、能力感為基本心理需求（basic psychological needs）中的三大要素，而基本心理需求是一個人形成幸福感的基礎。此外，被過分保護的子女在成長後也會出現較強的物質主義中心思維。

過度保護子女是許多父母落入的陷阱，這種行為可能對子女的心理健康和發展產生不良影響。過度保護孩子的父母經常試圖控制子女的經歷和選擇，以避免他們受到傷害。然而，根據心

理學家愛德華・迪西（Edward Deci）和理查德・瑞恩（Richard Ryan）的理論，這種行為可能剝奪了子女的自主性，使其難以發展積極的心態和行為。缺乏自主性可能導致子女在未來的生活中表現出無法自我管理的情況，並在遇到困難時過分依賴他人。過度保護可能導致子女形成不安全的依附類型。

根據約翰・博爾比的依附理論，一個健康的依附關係可以令子女感到安全，並在適當的時候嘗試獨立。過度保護孩子的父母可能無意中創建了一個不安全的依附環境，使子女感到不安全，並在親子關係中表現出過分依賴或迴避。

過度保護子女可能會導致他們感受過多壓力。根據心理學家約翰・斯威勒（John Sweller）的認知負荷理論（cognitive load theory），過多的壓力可能導致心理及認知負荷過重，進而導致焦慮和憂鬱。這種父母的期望可能使子女感受到巨大的壓力，難以放鬆和享受生活。

此外，父母過度保護孩子可能會限制了他們與同儕建立關係的機會。根據心理學家列夫・維高斯基（Lev Vygotsky）關於認知能力發展的社會文化理論（sociocultural approach of cognitive development），子女需要與同儕互動，以發展社會技能和認知能力。如果父母過度保護孩子，限制子女的社交活動，會使其難以學會與他人建立和保持關係。

　　過度保護孩子可能導致子女的自尊心受損。根據心理學家莫利絲・羅森堡（Morris Rosenberg）的自尊心理論，自尊心是個體對自己價值的評價。若然父母無意中向子女傳達出他們無法獨立應對生活的訊息，可能導致子女對自己的能力和價值產生懷疑。

　　如果大家有讀過本書中的導言，對艾力克森的心理社會發展階段理論有些許瞭解的話，必定能夠理解過度保護是會為子女帶來發展上的壞處。艾力克森指出，每個人在不同的生活階段都會面臨特定的心理社會危機，通過解決這些危機，個體可以實現健康的心理發展。過度保護子女的父母可能無意中干擾了子女在這些關鍵時期的發展，導致心理健康問題的出現。例如在幼兒期這個階段（一至三歲），子女面臨的心理社會危機是自主與愧疚，過度保護的父母可能會限制子女嘗試新事物，不給予他們獨立完成任務的機會，可能導致子女無法發展自主性。缺乏自主性的子女在日後可能會在面對挑戰時經常感到無助和沮喪。

　　在學前期（三至五歲），子女面臨的心理社會危機是主動與內疚。過度保護的父母可能會干涉子女進行遊戲和探索活動，無法促進創造力和想像力的發展，他們在面對未來的學習和創新挑戰時可能會感到困惑和害怕。

在學齡期（六至十二歲），子女面臨的心理社會危機是勤勉與自卑。在這個階段，子女需要學會擴展自己的技能和知識，而過度保護的父母可能會無意中阻礙這一過程。例如，他們可能會過分參與或幫助子女完成家庭作業，或者過分干擾他們的興趣。這有可能導致子女在面對挑戰時缺乏信心，並在遇到困難時產生自卑感。

在青春期（十三至十九歲），子女面臨的心理社會危機是身份認同與認同困惑。過度保護的父母可能會對子女的選擇和想法施加過多的壓力，使子女難以形成穩定的自我認知。這可能導致他們成年後在職業、社交和親密關係等方面感到困惑和不安。

## 如何避免過度保護？

為了避免過度保護子女，父母應該尋求平衡，幫助子女建立自信心和自主性，同時提供適當的支持和保護，正如上述的最理想化的教養模式——高度關愛之下不過度保護。父母要支持子女獨立自主，允許他們在安全的範圍內嘗試新事物，並鼓勵他們獨立解決問題，這有助於培養他們的自信心和自主性。例如筆者經常聽說學生們選科全是依照父母的決定，可見父母從小就沒有給予子女空間去自主思考他們想讀的科目，甚至有些學生連畢業後要從事什麼工作也是完全聽從父母的意願。父母要協助建立與子

女間安全的依附關係，令子女知道他們可以在需要時依賴你，但同時也鼓勵他們在適當的時候獨立。

　　父母對子女有期望是好事，但要學習管理自己對子女的期望，避免將過高的期望強加於子女，令他們知道你尊重和支持他們的選擇和努力。父母要鼓勵子女的社交互動，讓子女有機會與同儕互動，參加團體活動，以幫助他們發展社會技能。與同儕互動是十分重要的社教化活動，在參加不同的活動下，子女有機會自主探索自己的興趣，也有機會去實驗不同的社會角色，這對將來子女自主建立人生目標、發掘夢想十分重要。為了增強子女的自尊心，父母要積極認可子女的努力和成就，令他們知道他們的價值不僅僅在於成績和表現，更在於他們努力的過程。

*"It is the way we treat our children in the first years of life, when the brain is being formed, that will largely determine their fate."*

**Dr. Gabor Maté**

**不要揠苗助長**

大家現在都不難見到，坊間越來越多近乎病態的育兒觀念，「贏在起跑線」已經變成家長們爭鬥的信念。兒童越來越早接觸各種知識和技巧，例如幼稚園時期便學乘法和很小的時候就學一大堆外語等。在心理學知識上，這種現象有什麼啟示呢？

列夫・維高斯基的社會文化理論認為，兒童的認知能力依靠與擁有更多技巧的同伴（more skilled partner，如哥哥、姐姐、父母、師長等）的互動而發展，他們協助兒童學習，令他們開發到新的認知能力。這種扶助兒童發展的過程正是和這個理論相關的支架教學法（scaffolding），它是一種教育策略，通過為學習者提供臨時性的支持和指導，幫助他們在解決問題或執行任務時達到他們的最大潛力。

更重要的是，這種支架教學法在近端發展區（zone of proximal development, ZPD）內發生才能達至理想效果。簡單來說，近端發展區就是一個介乎「沒有人扶助也能自己掌握」和「即使有人扶助也不能掌握」之間的區域，即是指學習者在指導與支持下能完成的任務，但在沒有幫助時無法獨立完成的任務。支架教學法與維高斯基的近端發展區概念密切相關，支架教學就是在這個區域內為學習者提供必要的支持和指導，以促使他們不

斷發展和成長，幫助學習者進行自我發展和學習，令他們能夠在近端發展區內取得進步。這些支持會隨著學習者能力的提高而逐步減少，直到學習者能夠獨立完成任務。例如一個十八歲的學生，「沒有人扶助也能輕易掌握」的認知能力會是加減法，「即使有人扶助也不能掌握」的認知能力可能是火箭科學的知識。而近端發展區就是介乎於這兩者之間，所以就可能會包括基礎物理及工程數學的知識了。所以，你要扶助一個十八歲的學生發展其認知能力，你要教他的不是加減法，不是怎樣造火箭，而是基本的物理知識和工程學。

同樣道理，想兒童的認知能力更有效地發展，你要扶助的是適合他發展狀態的知識技巧，不能夠太容易，但亦絕不可以超越他大腦所能承受的難度。揠苗助長，絕不可取。

*"Parents can only give good advice or put them on the right paths, but the final forming of a person's character lies in their own hands."*

Anne Frank

# 稱讚努力的過程

「嘩，你考試拿這麼高分，你真是聰明！」

「我的兒子像我一樣有天分，所以能在游泳比賽中拿第一！」

「他天生就是要當一個數學家，你看他數學考試的成績多好！」

這些說話是否似曾相識？你小時候有沒有聽過這些話？或者你現在有沒有聽過別人這樣稱讚他的小孩、學生或者是後輩？

我們在稱讚別人時傾向把重點放在別人一些所謂天生的、不可改變的特質（fixed trait），例如智力、天分、資質等。我們的原意本來是好的，是為了增強他們的自信心，所以家長會稱讚自己的小朋友「聰明」，老師會稱讚自己的學生「有天分」，教練會稱讚他的徒弟「你天生就是一名籃球員」。可是，原來這樣子作出稱讚的話，會對一個人產生深遠的壞影響。

全球知名的心理學家卡羅爾・德韋克（Carol Dweck）的一系列研究告訴我們，當我們圍繞著一個人天生的、不可改變的特質作出稱讚時（如聰明、有天分等話語），沒錯，被稱讚者的

自信心會提高，但是如果持續受到這種稱讚的話，被稱讚者會為了在別人面前保持「聰明、有天分」的形象，限制自己只活躍於較容易的項目中，在自己的舒適區（comfort zone）享受成功，從而持續得到別人的讚美，而不會挑戰自己，不會踏出舒適區走入更艱難的領域，因為在更艱難的領域中他們並不肯定能保住那個「有天分及聰明」的讚美。擁有這種心態（定型心態，fixed mindset）的人很害怕失敗，因為失敗會令他失去基於天生、不可改變的特質的讚美。

那麼我們應該如何讚美你的小孩、學生或者後輩呢？稱讚他們在過程中付出的努力，令他們知道你重視的是他們付出的努力，不是他們一些所謂的天生資質。稱讚他們的努力，能使他們不害怕失敗，因為在過程中付出努力只有「有付出」和「付出不夠（方法不對）」之分，並沒有所謂的成功與失敗。這讓他們享受挑戰，享受在挑戰中付出更大的努力，不會只滿足於在舒適區的成功，而是會不斷向未知領域挑戰。他們會勇敢無懼，因為他們會努力付出，他們享受付出，享受面對困難，享受困難帶來的付出需求。他們所專注的是每天的進步，不是純粹的所謂成功和失敗。而這種方法對於培養一種成長心態（growth mindset）十分重要。

所以，不要這樣說：「你真是天生就是一個成功者。」

要這樣說：「我以你在邁向成功過程中的付出為榮。」

*"The greatest legacy one can pass on to one's children and grandchildren is not money or other material things accumulated in one's life, but rather a legacy of character and faith."*

Billy Graham

道德觀念的發展

本書導言中提及的美國心理學家柯爾伯格，以其道德發展理論而聞名。他的理論擴展了皮亞傑的道德發展觀點，將道德發展劃分為六個階段，這些階段又被分為三個主要層次。

柯爾伯格的道德發展理論基於對一組兒童和青少年進行的長期研究，通過對受試者回答道德難題的分析，柯爾伯格得出了道德發展的六個階段。他認為這些階段是連續的，每個人在一生中都會經歷這些階段，但發展速度和達到的最終階段可能會受個人差異影響。

柯爾伯格將道德發展分為三個層次，每個層次包含兩個階段，分別是：

## 層次一：前道德層次（pre-conventional level）
包括階段 1 和階段 2，主要出現在兒童時期，道德判斷受個人利益和報酬影響。

### 階段1：服從與懲罰（obedience and punishment orientation）
在這個階段，兒童將道德行為與避免懲罰聯繫起來。他們認

為懲罰是對壞行為的證明，服從權威是避免懲罰的方法。

## 階段2：自我利益取向（individualism and exchange）

此階段的兒童關心自己的利益，認為每個人都應該照顧自己。他們可能會考慮他人的需求，但這建基於交換的觀念，即「你幫助我，我幫助你」。

在前道德層次中，對與錯在於行為會否被懲罰或被獎賞。被懲罰的行為就是錯的，被獎賞的行為就是對的。對與錯亦可在於行為是否利己的，利己的行為才是對的。例如一個幼稚園小朋友會認為有禮貌的行為而被父母誇獎是對，另外一個朋友到處欺凌別人卻被父母誇獎的話，他也可能會覺得欺凌是對的行為。研究發現，這道德發展階段一般出現在六歲以下的小朋友身上。

# 層次二：傳統道德層次（conventional level）
**包括階段 3 和階段 4，通常出現在青少年時期，道德判斷受社會規範和權威影響。**

## 階段3：互惠和人際關係（good interpersonal relationships）

在這個階段，青少年尋求得到他人的認可和支持，他們遵從社會規範，並將善良與友善相互聯繫。道德行為是為了維護良好的人際關係。

### 階段4：維護社會秩序（maintaining social order）

此階段的青少年將道德規範與社會秩序聯繫在一起。他們尊重權威和法律，認為這是維護社會穩定的必要手段。道德行為的目的是為了維護整個社會體系的正常運行。

隨著人慢慢長大，會學懂很多社會規範，這些規範控制了我們很多的行為，例如等車時要排隊等。道德觀念慢慢受社會規範束縛。對與錯慢慢取決於具權威性的個體（authority figure），例如老師、老闆、父母等。他們不允許的都是錯的行為，例如學校不准學生上課時睡覺，所以這是錯的行為。在這個階段中，對與錯亦取決於行為有沒有犯法（法律是人自己創造出來的社會規範），而犯法等同於錯的行為。研究發現，其實大部分人的道德發展最終都只會來到這個階段，不能再進一步發展到第三個層次。

## 層次三：高級道德層次（post-conventional level）
## 包括階段 5 和階段 6，只有部分人能達到這個層次，道德判斷基於普遍性原則和個人價值觀。

### 階段5：社會契約和個人權利
### （social contract and individual rights）

在這個階段，個人開始意識到法律和規範可能存在不完善之處，需要根據社會契約原則進行修改。他們重視個人權利和公平原則，認為道德行為應該是基於共同利益並尊重個體差異。

### 階段6：普遍性道德原則（universal ethical principles）

在最高的道德階段，個體會將道德原則視為普遍適用的，並且高於法律和規範。他們根據自己內心的價值觀作出道德判斷，並願意為捍衛這些原則付出代價。道德行為在這個階段是基於內在的良知和對人類尊嚴的尊重。

高級道德層次也就是超越了社會制約的意思。在這階段中，對與錯不再是關於行為有否被獎勵，或者行為是否能滿足社會規範，在這階段中，對與錯是取決於一些普世價值，是不論地域文化、屬於全人類的普世價值。

柯爾伯格的道德發展理論對教育和心理學產生了深遠的影響，它強調道德發展是一個連續過程，可以通過教育和訓練不斷提升。許多教育者根據這一理論設計道德教育課程，幫助學生提升道德水平。

　　但是，柯爾伯格的理論也存在一些爭議。批評者指出，這一理論可能過分專注於正義觀念，忽略了其他道德價值，如關懷和責任。此外，有研究表明，柯爾伯格的階段劃分可能過於簡化，道德發展的過程可能更為複雜。另一個常見的批評是柯爾伯格的理論存在性別偏見，有見及此，心理學家卡羅爾·吉利根（Carol Gilligan）提出了一個替代的道德發展理論，強調女性在道德判斷中更加重視關懷和人際關係。然而，後續研究對這一觀點的支持並不一致，至今仍然存在許多爭議。

*"It's not only children who grow. Parents do too. As much as we watch to see what our children do with their lives, they are watching us to see what we do with ours."*

Joyce Maynard

 # IQ不是所有？

　　智力這個話題，大家一定不會陌生。心理學上，關於智力是什麼，或怎樣量度智力，一直存有分歧，各種各樣有關於智力的理論也因此誕生，每種理論的定義都有分別，什麼IQ（intelligence quotient）、多元智能（IQ、AQ、EQ等）各有千秋。

　　心理學家羅伯特・斯特恩堡（Robert Sternberg）其中一個著名理論就是他的成功智能理論（successful intelligence theory）。他認為智能有三種，分別是邏輯分析智能（analytical intelligence, AI）、創意智能（creative intelligence, CI）和實用智能（practical intelligence, PI）。三種智能都要適當發展才能令一個人更容易達到全面的成功。

　　邏輯分析智能標誌著一個人的分析力、邏輯推理能力、記憶力等。擁有高邏輯分析智能的人在學校系統中永遠都是得益者，因為他們學習成績好、記憶力強、能夠容易看見別人想法上的錯誤，且有天生的批判思維敏感度。在邏輯分析智能上強的人，在「書本智慧」上都是比較優秀的（book smart）。而坊間常常說的IQ測試和各類工作面試前做的資質測試或能力測試（aptitude test）主要都是檢測邏輯分析智能。而創意智能當然標誌著一個

人的創造力。實用智能則標誌著一個人在實際情況有沒有能力解決難題。擁有高實用智能的人的思維可能比較靈活，懂得在實際情況下「玩遊戲」。他們也有很多軟性技能，例如他們有很強的人際技巧（people skills），所以在現實生活中總能運用各種資源達至成功，也就是所謂的「街頭智慧」（street smart）。

羅伯特·斯特恩堡的理論告訴我們，若要達到全面的智能發展，必須具備邏輯思維、創意思維及實用思維。只有邏輯智能的人或許是一個很好的思想家，但為人可能比較死板及不懂得人情世故；只有創意智能的人或許流於空想，缺乏實際分析能力及不切實際；只有實用智能的人可能在社會中「很吃得開」，但在思維上可能不夠批判，難以辨別是非。

*"The true sign of intelligence is not knowledge but imagination."*

Albert Einstein

# 特殊學習需要

　　平常做教學工作都會遇到很多SEN（special education needs）學生。SEN即是特殊學習需要，顧名思義就是在學習上需要額外支援的學生。需要特別支援的學習者，並不等同於智力有障礙，例如患有讀寫障礙、情緒困擾、專注力低下症狀等的學生都是需要在教與學上特殊照顧的。除了這些關於認知或精神健康方面的難處而需要特別協助的學生外，也可能是肢體或感知上有困難，例如視障、聽障或肢體傷殘等，所以SEN並不一定都是關乎智力方面。

　　那麼學校會如何支援有特殊學習需要的學生呢？除了每位SEN學生都有專業輔導人員跟進外，在教與學上，老師也會配合SEN學生的需要而加強支援，例如在功課上給予更長的時限，在考試上安排SEN學生到獨立的房間應試並加長時限。對一些有感知需要的學生，老師會準備特別的試卷，例如試卷紙張較大、字體較大、文字顏色較為特別，在功課上也會有特別的豁免，例如說話障礙的學生可以豁免口頭報告功課。

　　曾經得悉有些學生因為自己的情況比較輕微和擔心被同學取笑及標籤，而拒絕上報自己的需要，錯失了適當的學習支援。有SEN的學生們如能將自己的情況上報予學校，便可以令自己在一個更佳的環境中進行學習。

*"The intelligent man is one who has successfully fulfilled many accomplishments and is yet willing to learn more."*

Ed Parker

# 第四章

# 金錢及工作

在大部分人的生命中，工作絕對佔了一個很重要的部分。不論是作為老闆還是受僱，不少人在工作中找到成就感，定義自己的價值，為社會作出貢獻。如果我們問別人為什麼要工作，筆者相信獲得的回應大多是「工作是為了換取金錢」。當然工作不只會帶來金錢，還有上述的成就感、自我身份定義、社會貢獻感等，都和工作有著深厚關係；但是直覺上工作和金錢的關係就是最直接緊密的，畢竟對大部分人來說，他們努力工作，就是為了過上更好的物質生活，而更好的物質生活必定需要金錢支撐。在這一章，筆者將工作及金錢連在一起，探討各種和工作及金錢相關的課題。

# 金錢是生活的根基

　　金錢在這個高度物質化的生活形態扮演著不可或缺的角色。「有錢不是萬能，但沒錢卻是萬萬不能」這句廣為流傳的對白相信大家都聽過。沒有金錢，相信絕大部分人都不能生活。金錢儼然已成為了必需品，滿足人類的各種需求。當提到人類需求，就必定要先說說心理學中著名的需求理論。

　　馬斯洛需求層次理論（Maslow's hierarchy of needs theory）是由美國心理學家亞伯拉罕・馬斯洛（Abraham Maslow）於一九四三年提出的一個心理學理論。該理論將人類需求分為五個層次，並用金字塔的形狀來表示，從下到上依次為：生理需求、安全需求、社交需求、尊重需求和自我實現需求。根據馬斯洛的觀點，人類需求是有層次的，當低層次需求被滿足後，人們才會追求更高層次的需求。

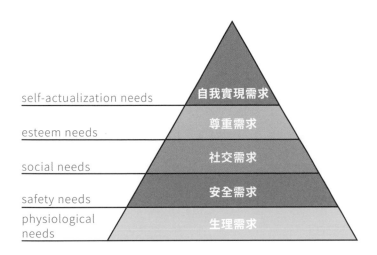

**生理需求（physiological needs）**：生理需求是人類最基本的需求，包括空氣、水、食物、睡眠等。這些需求是生存的先決條件，如果生理需求得不到滿足，人們將難以生存，無法關注其他需求。

**安全需求（safety needs）**：當生理需求得到滿足後，人們會追求安全需求，包括身體安全、經濟安全、家庭安全等。安全需求是為了確保個體在面對危險和不確定性時能夠保持穩定的生活狀態。例如，人們可能尋求穩定的工作、儲蓄金錢、購買保險以確保經濟安全。

**社交需求（social needs）：** 在安全需求得到滿足後，人類會追求社交需求，包括愛和歸屬感。人類是社會性動物，需要建立和維護與他人的關係，以達到心理平衡和安全感。社交需求包括與家人、朋友、同事等人建立深厚的情感聯繫。

**尊重需求（esteem needs）：** 尊重需求包括自尊和他尊。自尊是指個體對自己的評價，如自信、成就感等；他尊是指他人對個體的尊重和認可，如地位、聲譽等。當人們的社交需求得到滿足後，他們會追求尊重需求，以實現自我價值和獲得他人的認可。

**自我實現需求（self-actualization needs）：** 自我實現是馬斯洛需求層次理論的最高層次，指個體追求發揮和完善自身潛能，成為最好的自己。自我實現需求包括創造力、解難能力、道德觀念等方面。當人們的尊重需求得到滿足後，他們會追求自我實現，努力成長和進步。

　　馬斯洛需求層次理論認為，人類需求是有層次的，不同層次的需求之間存在著相互依賴的關係。然而，這一理論在後來的研究中受到了一定的質疑，部分學者認為需求層次並非一定是嚴格按照順序出現的，人們在不同的生活階段和環境下，可能會同時關注多個層次的需求。此外，需求的層次和優先順序也可能因文化差異而有所不同。

　　那麼，我們應該如何從馬斯洛需求層次理論中理解金錢的重要性呢？金錢滿足我們最基本的生理需求。金錢可以購買各種富含營養的食物，確保身體健康；金錢可以讓人們在生病時得到及時的治療，並享受醫療保健服務，以維持身體健康。

　　金錢能滿足安全需求。金錢可以為人們提供物質安全感。有足夠金錢的人們可以擁有更好的居住環境，享有更好的醫療保障，從而感到安心。金錢可以幫助人們建立經濟保障，如儲蓄、投資、保險等，使他們遇到困難時有一定的應對能力。在工作安全上，金錢可以用於接受培訓和教育，提高個人的技能和知識，從而增加就業機會和工作穩定性，提升個人的職業競爭力。

　　金錢可以滿足人們的社交需要。金錢可以幫助人們建立和維護人際關係，通過贈送禮物、請客吃飯等方式，表達對他人的關心和尊重，贏得他人的友誼和信任。金錢可以為人們提供參與社交活動的機會，通過支付活動費用，參加各類聚會、派對等社交場合，擴大社交圈子，建立新的人際關係。

　　金錢也與尊重需求的滿足息息相關。在我們這個越來越物質化的社會之中，人們判斷一個人是否成功最直接的方法就是看一個人在財政上是否成功。筆者當然不認為一個人的成功與否能單單從金錢上定義，但它卻是其中一個最容易作為參考的因素。所以，金錢可以提升個人在社會中的地位。財富可以令人們享受

到更好的生活品質，受到他人的羨慕和尊敬。金錢可以作為職業成就的象徵。高薪水和豐厚的獎金使人們在職場上獲得榮譽和尊重，提高個人成就感。金錢也可以幫助人們展示自己的品味和品質，通過購買昂貴的服飾、珠寶、藝術品等物品，表達自己的品味和身份。

　　金錢與自我實現需求亦有關。金錢令每個人有選擇，不必為實際生活中的限制而放棄追夢，放棄實現自我的機會。金錢可以為人們提供自我發展的機會，通過報讀不同的教育課程，或是職業或生活技能培訓，提升個人能力，實現自我價值。金錢可以激發創新和創造力，通過資助創業、研究和開發等創新活動，鼓勵人們追求卓越和突破。金錢可以幫助人們實現自己的夢想，提供了實現夢想所需的資源，令人們有機會挑戰自我，追求更高的目標。

　　透過理解金錢在各種需求層次中所擔任的重要角色，我們不難理解，為什麼這麼多國家和地區都會走向物質主義的道路。金錢所帶來的生活舒適感及成就感實在太強烈、直接及快速，每一個人都體會到金錢帶來的好處。

　　話雖如此，我們也知道，金錢並不是一切。金錢能買到一切物慾上的快樂，但心靈上的自由、滿足感及意義，金錢有時候卻束手無策。

*"Money, if it does not bring you happiness, will at least help you be miserable in comfort."*

Helen Gurley Brown

# 金錢和心理健康

金錢在一定程度上可以改善我們的心理健康。當我們能夠滿足生活基本需求（如食物、衣物和住所）時，我們的心理壓力會相對減輕。此外，金錢還能為我們提供一定程度的經濟安全感，使我們在面對經濟困難或突發事件時，能夠保持心理平衡。

金錢還可以增強我們的自主性和自由度。當我們擁有足夠的財富時，我們可以根據自己的意願選擇工作、學習和生活方式，這對提高生活滿意度和心理健康具有重要意義。金錢可以為我們帶來更多的社交機會和資源。舉例來說，當我們有足夠的金錢時，我們可以參加社交活動、結交新朋友，甚至在需要時為朋友提供金錢上的支持，這有助於建立穩定的人際關係，從而改善心理健康。

然而，金錢與心理健康之間的關係並非只有正面的一面。過度追求金錢可能對心理健康產生負面影響。研究表明，過度關注金錢和物質消費可能導致心理問題，如焦慮、抑鬱和生活滿意度（life satisfaction）降低，亦可能導致人們忽略其他生活方面的價值，如親情、友情和健康。當人們將金錢視為成功和幸福的唯一標準時，他們可能會在面對財政困境時感到無助和絕望，進而對心理健康產生負面影響。過度追求金錢還可能導致人們過度工

作、忽略休息和娛樂，長時間的工作壓力和緊張可能導致睡眠不足、疲勞和壓力過大，這可能對身心健康產生損害。

如果要更深入從心理學的角度理解上述的論點，我們必須先理解一個著名的心理學理論：基本心理需求理論（basic psychological needs theory，簡稱BPNT）。基本心理需求理論是由在第三章也曾提及的愛德華·迪西（Edward Deci）和理查德·瑞恩（Richard Ryan）於二十世紀七、八十年代提出的一個心理學理論，是自我決定理論（self-determination theory，簡稱SDT）的重要組成部分，主要關注滿足人們的基本心理需求對心理健康、動機和幸福的影響。

根據基本心理需求理論，人類有三個基本的心理需求，分別是自主性（autonomy）、能力感（competence）和關聯性（relatedness）。這些需求被認為是普遍的，不同文化和年齡層都適用。滿足這些需求對個體的心理健康、內在動機和幸福至關重要。

自主性指個體在進行活動和做出決策時的自主選擇和自我控制。當人們感受到自主性時，他們會覺得自己的行為是基於自己的價值觀和興趣，而不是受到外部壓力或受人控制。研究表明，滿足自主性需求可以提高內在動機、積極情緒和生活滿意度。

能力感指個體在執行特定活動時感受到的技能水平和效能。當人們感到自己具有足夠的能力來完成挑戰性任務並達到目標時，他們的心理需求得到滿足。滿足能力需求有助於提高自信心、成就感和心理健康。

關聯性指個體與他人建立親密、互惠互助和穩定的人際關係，並得以維持的需求。當人們感到與他人有深刻的聯繫和歸屬感時，他們的關聯性需求得到滿足。研究表明，滿足關聯性需求對於社會支持、心理健康和幸福非常重要。

為了滿足這三個基本心理需求，個體和環境之間需要良好的互動。教育、工作和家庭等環境應該提供支持，以幫助個體滿足自主性、能力感和關聯性的需求。當這些需求得到滿足時，個體的心理健康、內在動機和幸福水平都會得到提高。如果一個人將金錢看得太重，甚至將金錢當作是定義成功及快樂的唯一核心條件，那麼他們的基本心理需求將會受到負面影響，誘發出上述的精神健康問題。

在自主性方面，當個體過分追求金錢時，他們可能會受到外部獎勵或金錢目標的驅使，而忽略了自己內心的價值觀和興趣。這可能導致他們在工作和生活中缺乏自主性，因為他們的行為和決策受到外部世界的金錢所影響和控制。長期處於這種狀態可能對個體的心理健康和幸福產生負面影響。例子如有一個人做每一

種工作都只是為了金錢，而忽略了自己是否真正能從每種工作獲得滿足感。

在能力感方面，過度關注金錢可能使個體在工作和生活中選擇高收入的領域，忽略自己的長處和興趣，而無法在這些領域達到高水平的表現的話，有可能導致他們在長期的職業發展中感到能力不足。此外，金錢追求可能使個體將成功和成就僅僅與金錢掛鉤，從而忽略了其他重要的能力和成果，進一步削弱他們的能力感需求。

在關聯性方面，貪戀金錢可能對個體的人際關係產生負面影響。過分重視金錢可能使人在人際交往中表現出自私、利己主義、投機主義和缺乏關懷的一面，可能導致他們與他人的關係疏遠，甚至失去親密和互相支持的人際關係。此外，金錢追求可能使個體將人際關係視為獲取金錢利益的工具，降低與他人建立真誠和深刻聯繫的可能性。這樣的狀況會削弱個體的關聯性需求，影響他們的心理健康和幸福。

除了這些，我們也能從心理學研究中大約探知到金錢及快樂之間的複雜關係。

研究表明，金錢確實與生活滿意度有正相關的關係。在心理學中，生活滿意度定義為正情緒對負情緒之比例，以及對生活

質素的評價。生活質素的評價一般和物質享受有關，例如一個富
裕的人一般都擁有較好的生活質素，當個體的收入達到一定水平
時，他們的生活滿意度通常會提高。然而，這種關係存在著停滯
期，當收入超過一定程度時，生活滿意度的增加速度會減緩。這
意味著金錢能帶來快樂，但它的作用是有限的。

　　不過，近來的研究表示金錢和生活滿意度的正相關關係並不
存在停滯期，越有錢的人，即使收入超過一定程度，生活滿意度
依然會越升越高。這種在研究結論上的不一致顯示出金錢和生活
滿意度之間的關係相當複雜，也存在很多個人差異上的因素，例
如每個人對金錢的感觀都不一樣，每個人對滿意的生活的定義都
不一樣等。與生活滿意度相比，金錢對情感幸福（即日常的愉悅
和不愉悅經歷）的影響較小。研究發現，收入較高的人在日常生
活中經歷的愉悅並不比收入較低的人多。這表明金錢在情感幸福
方面的作用可能有限，錢可以買到生活中的物質享受，但未必能
買到精神上的平靜。

　　大家可以這樣去理解，金錢負責的往往是實質生活的一部
分，在精神層面上，金錢的作用往往會較小。相對收入對快樂的
影響可能比絕對收入更重要。絕對收入指的是你作為個體的收
入，例如你年薪一百萬，那一百萬就是你的絕對收入。但一百萬
這個收入，要有比較才能知道是高或者低，和別人比較後的收入
就是所謂的相對收入。研究發現，當個體的收入相對於周圍人群

高時（相對收入較高），他們的快樂水平也較高。這意味著人們在評估自己的幸福時，可能會將自己與他人進行比較。這個道理其實相當易理解，當一個和自己背景年齡相約的人收入比自己高出很多時，或多或少都會令自己產生對自己質疑的聲音；相反，如果自己發展得更好，那麼對自己的自我評價也會更佳。如何使用金錢也影響人們的幸福感。研究表明，將金錢用於他人和慈善事業（即利他性支出）可能比用於自己身上（即利己性支出）更能提高個體的幸福感。此外，將金錢用於體驗及活動（如旅行、學習等）可能比物質消費（如購買物品）更有助提高幸福感。個體對金錢的信念和態度也影響他們的幸福感。過分強調金錢和物質成功可能導致快樂水平降低。相反，將金錢視為提高生活質量和實現價值觀的手段，可能有助於提高幸福感。

從上面的討論我們可以知道，關於金錢如何影響一個人的快樂及精神健康並沒有一個簡單且絕對的結論。金錢和精神健康的關係受很多因素影響，包括量度的目標變項不一、個體之間對金錢感知上的差異（individual difference）、社會文化的不同等。但總體來說，筆者相信讀者們都可以感受到金錢是一把雙面刃，只要我們不把它當作是唯一定義快樂及成功的條件，我們便能借助金錢去令我們獲得更好的生活質素，而這種不以物質享受為唯一指標的生活質素對我們的精神健康可能會更有利。

　　金錢十分重要。從小到大金錢對於我們都似乎是一個忌諱，家長老師都教導我們不要貪婪，說「錢是萬惡根源」。但是我們做人不能太過理想主義，在現實世界中，金錢是十分重要的，物質生活的質素幾乎由金錢主導。所以，賺錢很好，不要將賺錢當成羞愧的事；但同時，不要被金錢控制，不要將所有東西都和金錢掛鉤，不要只用個人在金錢上的成就來定義快樂及成功。當你被外間世界的金錢控制住，你的內心將會被慢慢掏空，這種空洞的內在（empty self）將令你抵抗不了外部世界的波浪，並影響你的精神健康及快樂。

"A wise person should have money in their head,
but not in their heart."

Jonathan Swift

# 收入模式和快樂

　　我們會好奇每種職業的收入是多少，看到別人收入比自己高很多的話，我們會羨慕，會去想像「如果我收入有那麼高的話，我就可以做這樣、做那樣」。我們也會常常以為收入高的人都較快樂。筆者相信大家從上文中已經理解收入和快樂的關係十分複雜，正面或負面與否視乎很多因素。在這個部分，筆者打算再進一步，探討一下各種收入模式和快樂之間的心理學知識。一般的收入模式分為幾類，包括最常見的月薪制（大部分工作的主要支薪模式）、佣金制（常見於銷售工作），或是時薪或日薪制（常見於兼職工作）。注意這裡指的收入模式只適用於僱員，老闆的收入模式則另作別論。

　　月薪制度通常意味著收入穩定，這可以降低經濟壓力，提高生活品質和心理安全感，從而對快樂產生正面影響。此外，月薪制度可能促使員工更專注於工作本身，而不是收入，有助於滿足員工的基本心理需求，即自主性、能力感和關聯性。根據馬斯洛的需求層次理論，安全需求是人類需求的基本層次之一。穩定的月薪有助於滿足個體的經濟安全需求，從而有助於提高快樂感。

雖然如此，但月薪制也會對快樂產生潛在的負面影響。例如月薪制可能使得員工在追求金錢收入和生活品質之間失去平衡。由於月薪固定，員工可能無法通過加班或提高工作效率來提高收入，進而影響快樂感。由於收入與工作表現脫鉤，員工可能覺得自己的努力沒有得到足夠的回報。長期下來，這可能會影響員工的投入、積極性和忠誠度，進一步影響他們的快樂感。月薪制也是一把雙面刃，可能會為員工帶來對未來的不確定感。對於那些在薪資上達到瓶頸的員工，他們可能會擔心收入增長的空間有限，進而對未來感到擔憂和不安，影響快樂感。

佣金為主的收入模式可能使員工更關注業績和金錢，這可能對快樂產生正面或負面影響。在一定程度上，佣金制度可以激勵員工提高工作效率，並為優秀表現帶來更高的收入，從而提高成就感和快樂。然而，過度關注業績和金錢可能導致員工忽視其他重要的生活價值，如親密關係、健康和個人成長等，進而對快樂產生負面影響。個體對於成功和表現的追求是影響其行為的重要因素。佣金制度可以激勵員工提高工作效率，優秀表現會帶來更高的收入，從而提高成就感和快樂。從社會心理學的角度來看，佣金制度可能促使員工與同事或同行進行經濟比較。這種比較可能對快樂產生正面或負面影響，具體取決於個體的比較結果和心態。

　　日薪或時薪制度通常與兼職或臨時工作相關。這種收入模式可以提供較高的靈活性，使員工能夠根據自己的需求和興趣安排工作時間，從而提高自主感和快樂。然而，日薪或時薪制度可能導致收入不穩定，增加經濟壓力和心理壓力，對快樂產生負面影響。如前文所述，自我決定理論強調滿足基本心理需求（自主性、能力感和關聯性）對快樂的重要性。日薪或時薪制度可能提供更多的自主性，使員工能夠在不同的工作和生活場景中滿足這些需求，從而提高快樂感，但同時亦要承受收入不穩定而造成的壓力。

　　那麼，哪種收入模式才是最好的？與所有心理學問題一樣，筆者都會答：「視乎情況。」每個人追求的東西不一樣，性格也不一樣，最好的選擇就是和他們本質一致的東西。最簡單地說，喜歡穩定的人必然喜歡月薪工作，喜歡收入能有爆炸性的必然喜歡佣金制工作，不喜歡束縛的便喜歡自由工作。所以，最重要的一點是，每個人都能在實際情況許可下，忠於自己的喜好，然後勇敢追求自己喜歡的人生模式。這世界沒有哪個人能夠批判每個人忠於自我的選擇。

*"Happiness is not in the mere possession of money;*
*it lies in the joy of achievement,*
*in the thrill of creative effort."*

Franklin D. Roosevelt

# 金錢所帶來的迷失與自由

(此部分由黎嘉慧博士撰寫)

在這個瞬息萬變的世界裡，金錢似乎成了人們追求的終極目標。無可否認，金錢具有強大的魅力，它能給我們帶來安慰、安全感和地位。然而，當金錢成為我們生活的唯一指標時，它也可能引誘我們走向迷惘和困惑。在這個時代，如何在金錢與精神之間找到平衡，實現真正的自由，成為了一個值得深思的課題。

陳奕迅的經典歌曲《陀飛輪》道出了這個時代的心聲，當我們過分地將注意力集中在物質追求上，很容易忽略了生命中真正重要的事物。歌詞提到：「曾付出幾多心跳，來換取一堆堆的發票。」這令我們不禁反思，究竟金錢能否帶給我們真正的幸福和滿足？在這個金錢至上的社會中，我們要學會在物質追求與精神追求之間尋找平衡。又正如歌曲裡唱到：「還剩低幾多心跳，還在數趕不及了，昂貴是這刻我覺悟了，在時計裡看破一生渺渺。」這意味著我們應該珍惜當下的每一刻，把握生命中的美好時光，而非一味地追求金錢和物質。以下筆者將深入探討金錢所帶來的迷失與自由，以及如何在這兩者之間找到平衡。

金錢既有帶來迷失的風險，也有提供自由的可能。關鍵在於如何合理地看待金錢在人們生活中扮演著的重要角色，它可以

帶來自由和滿足，但同時也可能導致迷失和心靈空虛。要找到平衡，我們需要深入瞭解金錢如何影響我們的心理需求，並將其與相關的心理學理論相結合。

## 物質主義與馬斯洛需求層次理論

過度追求金錢可能導致人們陷入物質主義和無止境的權力追求，從而忽略了人生的其他重要方面，如家庭、友情和健康。這與馬斯洛的需求層次理論有關，該理論認為人們的需求可以分為五個層次，從基本生理需求到自我實現需求（請參閱前文）。過度追求金錢可能使人們停留在較低層次的需求，無法滿足更高層次的心理需求。

物質主義和消費主義是當代社會普遍存在的觀念，它們強調通過物質追求和消費來實現快樂和滿足感。在物質主義和消費主義的影響下，人們可能過分關注物質需求，進而忽略情感、心理和精神需求。這可能導致生活中的不平衡，使人們在追求物質成功的過程中感到空虛、焦慮和孤獨。

為了在物質追求與心靈需求之間取得平衡，人們需要從幾個方面著手。首先，與家人和朋友保持聯繫，建立穩定的人際關係，增加社交活動，從而滿足人類的歸屬和愛的需求。這可以幫

助人們在繁忙的工作生活中找到情感支持和陪伴，緩解因過度追求物質帶來的壓力和孤獨感。其次，通過個人發展和成長來提升自我價值感，例如學習新技能、培養興趣愛好、參加志願者活動等。這有助於滿足自尊和自我實現需求，使人們在追求物質成功的同時，也能感受到內心的滿足和成就感。最後，反思自己的價值觀，尋求內在的幸福和滿足感，而不是過分依賴物質消費帶來的短暫快樂。這意味著將注意力從物質追求轉移到心靈需求上，思考生活中真正重要的事物，並尋找更深刻的人生意義和價值。這樣的反思可以幫助我們重新評估我們的生活目標和價值觀，從而在物質與心靈需求之間建立更和諧的關係。

要在物質主義與馬斯洛需求層次理論之間取得平衡，代表人們需要在追求物質成功的同時，關注心靈需求的滿足。在現代社會中，過度追求物質可能會導致人們忽視更高層次的心理需求，進而影響生活質量和幸福感。因此，我們需要努力在物質追求與心靈需求之間找到平衡，通過與家人和朋友保持聯繫、提升自我價值感和反思價值觀，來實現更和諧、滿的生活。在這個過程中，我們將更加珍惜人際關係，追求內心的成長和自我實現，並逐步擺脫物質主義和消費主義帶來的心靈困境。這樣的生活方式將有助於我們在面對現代社會的各種挑戰時，保持心靈的平靜和滿足感，從而過上更加幸福、有意義的生活。

## 心靈空虛與艾里克・弗洛姆（Erich Fromm）的人本主義心理學（humanistic psychology）

此外，金錢可能使人們陷入心靈空虛和人際關係疏離的困境。這與艾里克・弗洛姆的人本主義心理學理念相關，它強調人們應該關注自己的內在需求和情感，以達到真正的幸福和滿足。

艾里克・弗洛姆的人本主義心理學強調人類的潛力、自由和創造力，他認為只有滿足內在需求和情感，人們才能達到真正的自我實現。在現代社會中，我們往往過分關注物質追求和消費主義，這使得心靈需求變得容易被忽略，導致心靈空虛。

為了克服這種空虛感，我們需要關注內在需求，提升自己的生活品質，並追求精神上的滿足。我們應該培養內心的審美、道德觀念和價值觀。通過閱讀、欣賞藝術作品、參與思想交流等方式，從而提升自己的文化修養和內在素質。這不僅有助於豐富內心世界，還能提高人們在社交場合的魅力和吸引力。此外，我們需要關注自己的身心健康，保持良好的生活習慣、參加運動和鍛煉、保持心理健康，這些都是克服心靈空虛的有效途徑。良好的身心狀態有助於我們更好地應對生活中的各種挑戰，提高生活滿足感和幸福感。同時也應該積極參與社會活動，結交志同道合的朋友。通過與他人建立深厚的友誼，分享生活的點滴，我們可以擴大自己的社交圈子，擁有更多支持和關懷，從而減輕心靈空虛

的感受。

在物質追求的過程中，不要忽視心靈需求的重要性。通過以上方式，我們可以克服心靈空虛，達到生活的滿足和幸福。讓我們在物質與精神的追求中取得平衡，過上充實而幸福的生活。在這樣的過程中，我們將能夠不僅在物質層面上取得成功，還能在心靈層面上獲得滿足和成長。

艾里克・弗洛姆的人本主義心理學還強調自我反思和自我認識的重要性。在日常生活中，我們應該時常反思自己的行為和決策，以便更好地瞭解自己的需求和渴望。這有助於我們在面對困難和挑戰時，做出更明智的選擇，並促使我們在心靈成長的道路上繼續前進。同時，保持樂觀和積極的心態也對克服心靈空虛至關重要。樂觀的人更容易看到生活中美好的一面，並在逆境中找到機遇和希望。保持積極心態有助於我們應對生活中的壓力和挑戰，並在心靈層面上獲得更多滿足和幸福。不斷學習和成長對於克服心靈空虛也是必不可少的，這包括了不斷提升自己的知識水平、技能和能力，以及對自己的興趣和愛好的投入。這樣，我們不僅可以在物質層面上追求成功，還能在心靈層面上獲得滿足和成長。

# 赫茲伯格（Frederick Herzberg）的雙因素理論（two-factor theory）

金錢可以為人們提供經濟自由和提高生活質量，使人們能夠擁有更多的選擇和享受更好的生活。這與心理學家赫茲伯格的雙因素理論相關，該理論將影響人們滿足感的因素分為激勵因素和保健因素。

赫茲伯格的雙因素理論是一個著名的工作滿意度理論，它將影響工作滿意度的因素分為兩類：保健因素（affective/hygiene）和激勵因素（motivational）。保健因素包括了基本需求，如工資、工作環境和工作安全等，而激勵因素則包括成就感、工作挑戰、晉升機會等。滿足保健因素可以避免工作相關的不滿，但並不能保證幸福和滿足；激勵因素可以提高工作滿意度，促使員工更加投入和積極。在這裡，我們將赫茲伯格的理論應用於人際關係疏離的問題，探討長時間工作對人際關係的影響，以及如何實現人際關係的滿足。

長時間工作可能會導致人們與家人和朋友疏遠，影響人際關係。在現代社會中，許多人為了追求事業成功和經濟安全，選擇投入大量的時間和精力在工作上，往往忽略了與家人和朋友相處的重要性。長時間工作不僅會使人們在生活中缺乏與他人互動的機會，還可能對健康和心理狀態造成負面影響，進一步加劇人際

關係的疏離。這種疏離可能會導致孤獨感和不滿，影響人們在生活中的幸福感和滿足感。

　　要解決人際關係疏離的問題，我們需要重新審視我們對工作和生活的價值觀，並將關注點轉向激勵因素，如人際關係。赫茲伯格的理論認為，僅滿足基本需求（如金錢）是不夠的，我們還需要關注激勵因素以達到更高層次的滿足。在這個過程中，我們需要學會在工作和生活之間找到平衡，確保充足的時間和精力投入到與家人和朋友的相處中。這可能需要我們調整工作時間，確保在繁忙的工作生活中留出足夠的休息和家庭時間，並且主動與親朋好友保持聯繫，分享生活點滴。積極參與社交活動也是擴展人際關係、減少疏離感的重要途徑。通過參加興趣小組、社區活動、志願者工作等，我們可以結識更多志同道合的朋友，擴大自己的社交圈子，從而增強與他人的聯繫和歸屬感。同時，這些活動也可以豐富我們的生活經歷，提高生活品質，使我們在追求事業成功的同時，也能夠享受到充實的生活。在心理層面上，我們需要提升自我認知，更好地瞭解自己的需求和情感，並學會表達和傾聽。與他人建立深入的情感交流，不僅能幫助我們獲得支持和理解，還可以促使我們反思自己的價值觀和人生目標，從而實現內在的成長和滿足。此外，我們還可以通過心理諮詢和自我反思等方式，提高情感智慧，增強與他人的同理心，從而改善人際關係，減少疏離感。

赫茲伯格的雙因素理論提醒我們，要實現幸福和滿足，僅滿足基本需求是不夠的，我們還需要關注激勵因素，如人際關係。在面對人際關係疏離的問題時，我們應該努力在工作和生活之間找到平衡，積極參與社交活動，提升自我認知和情感智慧，從而改善人際關係，達到更高層次的滿足。只有在物質需求和心靈需求之間取得平衡，我們才能真正實現幸福和滿足。

## 卡爾・羅傑斯（Carl Rogers）的自我實現理論（self-actualization theory）

金錢可以滿足人們的基本生活需求（保健因素），從而為滿足更高層次需求（激勵因素）創造條件。金錢還可以令人們有能力去旅行、探索世界，實現自己的夢想和抱負。這與卡爾・羅傑斯的自我實現理論相關，該理論認為人們渴望實現自己的潛能，過上充實而有意義的生活。

卡爾・羅傑斯的自我實現理論強調了人類追求充實和有意義生活的渴望。這種渴望不僅限於物質層面的成功，更涉及到個人價值觀、成長和潛能的實現。在現代社會中，我們常常過分追求金錢和物質成就，而忽略了心靈需求和內在成長。為了在金錢與心靈需求之間找到平衡，我們需要探討如何在追求物質成功的同時，充分發揮自己的潛能，實現自我成長。

　　我們首先應該認識到自我實現是一個持續不斷的過程，而非一個終點。在這個過程中，我們需要不斷地學習新知識、技能和經驗，從而提升自己的能力和競爭力。無論是在工作中，還是在日常生活中，都可以找到學習和成長的機會。例如，我們可以通過閱讀書籍、參加培訓課程、加入興趣小組等方式來拓展知識面，提高技能水平。追求自我成長需要我們建立明確的目標和價值觀。我們應該思考自己真正的興趣和熱情所在，確定自己的生活目標和價值觀，從而指引我們在成長道路上持續前行。在這個過程中，我們應該將自己的目標和價值觀與他人的需求和期望相結合，確保我們的成長不僅有益於自己，也能對他人產生正面影響。

　　自我實現還需要我們關注自己的心理健康和情感需求。在面對生活中的壓力和挑戰時，我們應該學會調適自己的情緒，保持積極的心態。通過參加心理諮詢、冥想練習、運動等活動，我們可以提高自己的心理素質，更好地應對生活中的困難和挑戰。同時，我們也應該重視與家人、朋友和同事建立良好的人際關係，因為這些關係對於我們的心理健康和情感需求至關重要。透過與他人的交流和互動，我們可以得到支持和鼓勵，從而增強自信心和滿足感。

在追求自我實現的過程中，我們需要學會在物質成功與個人價值之間取得平衡。過分關注金錢和物質成就可能導致我們忽略心靈需求，而僅僅滿足物質需求並不能帶來持久的幸福感。我們應該努力尋求在物質與精神層面之間的平衡，確保在追求物質成功的同時，也能關注到自己的內在成長和價值實現。要達到這種平衡，我們可以嘗試將工作和生活更好地結合在一起，確保在滿足物質需求的同時，也能充分關注心靈需求。這可能包括調整工作安排，確保有足夠的時間與家人和朋友相處，參加社交活動和興趣愛好，以及投入到自己關心的社會和公益事業中。通過這些方式，我們可以在追求物質成功的同時，實現心靈的滿足和幸福。

古巨基的歌曲《愛得太遲》講述了一個人在事業成功後才意識到自己對愛情的渴望，但由於過於專注於工作和金錢追求，而錯過了與心愛的人共度美好時光的機會。這與卡爾·羅傑斯的自我實現理論息息相關，在追求物質成功的過程中，不能忽視心靈需求和人際關係。自我實現理論強調了在追求物質成功與個人價值之間取得平衡的重要性，為了實現這一目標，我們需要關注自己的內在需求和成長，設定明確的目標和價值觀，並與他人建立穩定的人際關係。只有在物質與心靈需求之間找到平衡，我們才能真正實現自我，過上充實而有意義的生活。

　　對物質成功的追求往往會導致人們在金錢與心靈需求之間產生失衡和迷失。根據馬斯洛需求層次理論，我們應該在滿足生理需求和安全需求的基礎上，努力追求心理需求的滿足，如親情、友誼、自尊和自我實現。

　　在追求金錢的過程中，我們需要關注心靈需求，以避免迷失和失衡。通過關注內在需求、建立良好的人際關係、追求自我成長和實現，在物質與心靈之間找到平衡，達到真正的自由和滿足。這將有助於我們在現代社會中過上更豐富、更幸福的生活。

*"Money often costs too much."*

Ralph Waldo Emerson

第五章

# 人生目標及意義

每個人出現在這個世界都有一個任務，這個任務對每個個體來說都是不一樣的。有些人的任務可能會對世界的貢獻較為巨大，有些人的則比較利己，甚至有些人的可能比較平淡。但是，每個人的任務都不應受到批判，都應受到尊重。這個任務，當一個人決定好了，就成了他們的人生目標，而在追尋這個目標的過程，我們在世的意義感便會慢慢形成。

# 我們是誰？

　　每個人的人生目標都不會一樣，形成什麼樣的人生目標，受著多種因素影響，包括內在的及外在的。內在的因素包括一個人的性格及各種心理質素，外在的則關乎到一個人成長的地方的文化特色、家境、教育等。在各種因素相互疊加後，每個人都會有一個獨一無二的人生任務。有的是為名為利，有的是為了家庭和睦健康，有的是為了國家及社會的進步，有的是為了自我精神層面能進入化境等。無論各自的人生目標是什麼，當我們發現後，不妨勇敢追逐它，在追逐夢想途中，你會慢慢發現，你所重視的可能已不是達成夢想的終點站，而是那個讓你不斷成長的旅程。

　　在第一章，筆者已介紹了著名心理學家艾力克森提出的一個包含人生八個階段的心理社會發展階段理論。在這個理論中，個體從出生到老年會經歷八個不同的心理發展階段，每個階段都有一個特定的危機需要解決。尋找自我的過程主要體現在第五階段——青春期階段。

　　先讓我們來回顧一下。艾力克森認為人在大約青春期的時候（大約十二至十九歲，亦即中學階段）就要尋找自我。所以這一階段一般稱為「身份認同與認同困惑」（identity vs. role confusion），而這亦是青少年面臨的主要危機。青少年需要在

眾多角色和價值觀中探索和確定自己的身份。這個過程可能涉及到對職業選擇、性取向、政治觀點、信仰等多個方面的探索。一旦成功解決這個危機，青少年將形成一個穩定的自我概念，並能夠為成年生活做好準備。

在這個階段中，青少年可能會在尋找自我的過程中感到困惑，不確定自己在家庭、學校和社會中的角色。這可能導致自我懷疑和焦慮。如果青少年無法確定自己的身份，可能會出現身份危機，表現為對未來的擔憂、自卑感和抑鬱情緒。自我的認識（即自我身份認同）對於一個人能否產生人生目標至關重要。人生目標是你在這世上最想要做的東西，若然一個人連自己喜歡什麼都不太能瞭解的話，人生這麼長遠，為自己一生定下基調及方向的事情便更加難以出現。

詹姆斯・馬西亞（James Marcia）的身份認同理論（identity status theory）是在艾力克森的心理社會發展階段理論的基礎上發展起來的。他專注於探討青春期的身份認同危機，基於兩個「身份感知特徵」，將「身份認同」分成四種狀態，用以描述青少年在尋找自我的過程中可能經歷的不同階段。這四個狀態分別是：擁護（foreclosure）、衝突（moratorium）、混亂（diffusion）和達成（achievement）。

　　在說明四種身份認同狀態之前，我們首先要理解詹姆斯‧馬西亞提出的兩個身份感知特徵：「危機及探索」（crisis and exploration）和「承諾」（commitment）。危機及探索就是你在每一個環境或生命處境之中的探索、調整和思考。人生成長的時候，會面對許多新環境、新挑戰，好多時候會令我們不適應或不知所措，這種情況就是「危機」，它促使你對這些渾沌階段進行思考，希望可以令你調整策略以面對新環境、新挑戰；而「探索」是指青少年在尋找自我過程中對不同的身份、價值觀和信仰的嘗試和評估。「承諾」就是指你是否可以遵從你的危機思考，能否堅守努力面對新挑戰和新環境的決心，並在探索過程中接受和堅持選擇的身份。

　　「危機及探索」和「承諾」會組合出四種不同的「身份狀態」（identity status）：

**達成狀態（定向型）**
**擁護狀態（早閉型）**
**衝突狀態（未定型）**
**混亂狀態（迷失型）**

## 達成狀態（即有堅實的身份認知）

　　這類人對現況的新環境、新挑戰有想法，更重要的是他們會遵守承諾，坐言起行，一步一步努力地追求心中清晰的目標。在這個狀態下，青少年經過了充分的探索，成功地確立了自己的身份認同。他們對自己的價值觀和目標有清晰的認識，並能夠自信地面對未來的挑戰。達成狀態是理想的身份狀態，因為青少年已經成功解決了身份認同危機，為成年生活做好了準備。

## 擁護狀態
## （即只有承諾卻沒有獨立危機思考的身份認知）

　　這種「身份狀態」的人甚少作出什麼思考，他們很少思考自己的人生，很少思考自己想要怎樣的未來。但他們卻有承諾，他們的承諾來自於別人的期望，例如父母。這種身份狀態在不少年輕人身上都能看見，他們課業表現良好，有動力適應環境，但是他們並不知道自己想要怎樣。很多時候他們都不知道為什麼選某一科來讀，但他們會說：「因為父母說讀會計前途好，所以我就讀了。」在這個狀態下，青少年未經過深入探索就接受了父母或其他權威人士為他們設定的身份，可見他們可能過分依賴他人的期望和價值觀，而忽略了自己的想法和需求。擁護狀態可能導致青少年在未來面臨身份危機，因為他們並未真正確立自己的身份認同。

## 衝突狀態
## （即只有危機思考卻不作理會，沒有承諾的身份認知）

這種身份狀態的人有思考現狀，而他們並不滿意，亦有很多的想法，有想過如何去改變，但是一切都停於空想，沒有任何自我承諾去突破自己，從而去做想做的事情。他們會說：「我真不滿意我現在的情況，我想我可以做更多去改變，不過還是算了，反正我都做不到。」在這個狀態下，青少年正處於尋找自我的過程中，他們可能在嘗試和探索不同的角色和價值觀。衝突狀態通常伴隨著情緒波動、不安全感和自我懷疑。然而，這是一個正常的過渡階段，因為青少年正在努力確定自己的身份認同。

## 混亂狀態（即不知道自己在做什麼的身份認知）

基本上這種身份狀態的人可以用渾渾噩噩來形容。他們沒有作出什麼對人生的思考，在各種方面難以作出承諾，沒有作出有意義的決定的自信心，自尊感低，容易受別人影響，做事喜歡拖到最後一刻才做，情緒常常因自己不知道該做什麼而感到困擾等。在這個狀態下，青少年對尋找自我和確立身份認同表現出漠不關心的態度，會避免做出任何重要的決定，並對未來感到迷惘和無所作為。疏遠狀態可能導致青少年在成年後仍然面臨身份危機，無法適應社會角色和責任。

　　詹姆斯・馬西亞的身份認同理論強調了探索和承諾對於青少年發展的重要性。為了幫助青少年確立身份認同，家長和教育者需要提供一個支持性的環境，令青少年能夠自由地探索不同的身份選擇，同時也給予他們指導和理解。以下是一些建議，以幫助青少年順利渡過身份認同的挑戰：

**鼓勵探索：**讓青少年嘗試不同的活動、學科和社交環境，以促使他們更好地瞭解自己的興趣和能力。

**提供支持：**家長、教師和其他成年人應該給予青少年足夠的支持，幫助他們確定自己的身份和價值觀。

**尊重選擇：**尊重青少年的選擇，即使這些選擇可能與家長或教師的期望不符。這有助於培養青少年的自主性和自尊心。

**開展對話：**與青少年開展有關身份認同、價值觀和目標的對話，瞭解他們的想法和感受，並提供適切的建議和指導。

**培養自信：**幫助青少年建立自信，令他們相信自己有能力解決問題，克服挑戰。

**提供榜樣：**成年人可以作為身份認同的榜樣，分享自己在成長過程中如何解決身份認同問題的經歷。

除了上述四種身份狀態外，還有一種狀態是負面身份（negative identity）。負面身份的概念源於艾力克森的心理社會發展階段理論，指一個人選擇與社會期望和主流價值觀相悖的身份。在青少年時期，尋求身份認同是一個主要發展任務。在這個過程中，青少年可能會選擇一個負面的身份，即使那可能會對他們的未來產生不利影響。

負面身份的產生可能與以下因素有關：

**反抗：**青少年可能選擇負面身份作為對規範和期望的反抗，以彰顯他們的獨立性和自主性。負面身份可以幫助青少年與他們所屬的社會群體劃清界限，並建立與同齡人的聯繫。

**自我懲罰：**一些青少年可能因為擁有低自尊或內疚感而選擇負面身份，作為對自己的懲罰。

**無能感：**當青少年覺得自己無法達到社會期望時，他們可能會選擇負面身份作為一種逃避策略。

**模仿：**在某些情況下，青少年可能會模仿家庭成員或親密朋友的負面行為和態度，因此形成負面身份。

擁有負面身份狀態的人很接受別人給予的負面標籤
（negative labels），他們不去拒絕接受這些標籤，甚至將這些
負面標籤內化（internalize）成屬於自己的特質，然後做出一些
行為去強化自己的負面標籤。

例如，師長經常說你懶惰，你就照單全收，用懶惰的行為去
印證老師的標籤。社會大眾說年輕人是「廢青」，有一撮年輕人
樂於看見自己能擁有這個標籤，恨不得做一堆與標籤符合的行為
來證明自己是一個「真‧廢青」。

負面身份可能對青少年的心理健康和未來發展產生不良影
響，如沮喪、焦慮、學業退步、人際關係欠佳等。為了幫助青少
年克服負面身份，家長和教育者可以採取以下措施：

**提供支持：**給予青少年情感上的支持，讓他們感受到被理解和接
受。

**增強自尊：**鼓勵青少年參加活動，提高他們的自信心和自尊心。

**提供正面榜樣：**家長和教育者可以成為青少年的正面榜樣，展示
良好的行為和態度。

**增加成就感：**幫助青少年設定實現目標，令他們感受到成就感。

**鼓勵尋求幫助：**如果青少年在克服負面身份方面遇到困難，家長和教育者應鼓勵他們尋求專業幫助，如心理治療或諮詢。

筆者知道很多年輕人都不知道前路如何走，很多都是屬於混亂的身份認知，甚至是負面身份認知。面對這種不知道自己想要什麼的時候，我們更加要多思考，每天都要思考，每天都要閱讀。只有多思考，你才能想通究竟你想要的是什麼。

*"The privilege of a lifetime is to become who you truly are."*

Carl Gustav Jung

# 人生目標的質素

　　擁有清晰的自我認知是建立人生目標的先決條件。何為適合自己的人生目標？那當然要符合自己的價值觀，且是做自己喜歡的事，那才可以產生內在動機去完成目標。為了外界期望而建立的人生目標，不能令你產生追夢般的熱情，而動機性質亦偏向外在，並不能持久。畢竟，每個人在一生中，所有事情最終都是要由自己去承擔及處理。所以，人生目標是屬於自己的，而不是屬於別人的。

　　自我決定理論（self-determination theory, SDT）是關於人類動機和心理需求的理論，由愛德華・迪西（Edward Deci）和理查德・瑞恩（Richard Ryan）於二十世紀七、八十年代提出。該理論主要研究內在動機和外在動機在個人行為和心理健康中的作用。上一章曾提及，自我決定理論認為滿足三個基本心理需求——自主性（autonomy）、能力感（competence）和關聯性（relatedness）——對個人的心理健康和動機至關重要。自主性指人們對自己的選擇和行為有控制感，並能根據自己的價值觀和興趣做出決策；能力感指人們對自己能夠有效地完成特定任務的信心和能力感；關聯性指人們與他人建立良好的社會關係，感受到關愛和支持。根據自我決定理論，當這三個基本需求得到滿足時，個人更有可能產生內在動機，從而對自己的生活和人生目標

感到滿意。所以,一個適合自己的人生目標,必定是忠於自己,能幫助自己滿足這三個基本心理需求的目標。選擇和追求與基本心理需求一致的人生目標,可以促進個人的心理健康。

# 自主性和人生目標

當個人的人生目標建基於自主性時,他們更有可能對這些目標保持熱情和堅定的態度。選擇符合個人價值觀和興趣的目標,有助於激發內在動機,從而提高目標實現的可能性。自主性在人生目標中的作用不容忽視。當個人能夠根據自己的價值觀和興趣制定目標時,他們對目標的投入和動力會更強。自主性的表現形式包括以下幾點:

．設定與個人核心價值觀相符的目標,有助於確保目標的追求過程更具意義和滿足感。

．避免受到過多外部壓力(如金錢、名聲等)的影響,以免目標過於偏離個人的真實需求和興趣。

．保持對目標的靈活性和開放性,使其能夠適應個人需求和環境的變化。這可以幫助個人在面對挑戰時更具適應性和抵抗力。

# 能力感和人生目標

選擇與個人能力感匹配的目標有助於增強自信心和成就感。通過不斷提高自己的技能和知識，個人可以提高實現目標的能力，並在過程中建立自我效能（self-efficacy）。能力感是實現目標的關鍵因素。在制定和追求人生目標時，應該考慮個人的技能和才能，以確保目標的可行性和成功機會。如果要提高能力感與人生目標之間的關聯性，首先我們要設定適度的挑戰性目標，以便在追求目標過程中保持成長動力。過於容易的目標可能無法激發潛能，而過於困難的目標可能導致挫敗感和失敗。我們也可以通過學習和練習來提高個人能力，包括參加培訓課程、尋求專業指導或與他人分享經驗和知識。更重要的是，我們需要時刻反思並進行定期的自我評估，以瞭解自己在追求目標過程中的成長和變化，這有助於確保目標與個人能力保持一致，並在需要時進行調整。

# 關聯性和人生目標

與他人建立良好的關係可以為個人在追求目標過程中提供支持和鼓勵。選擇與他人共享的目標，或能促進他人福祉的目標，有助於增強個人的關聯性需求，並提高目標實現的滿意度。關聯性是指個人與他人建立良好的社會關係，感受到關愛和支持。

在追求人生目標時，滿足關聯性需求可以提供情感支持，並有助於增強動力和滿意度。若想在制定人生目標時提高關聯性，我們可以將目標與他人的需求和利益相結合，以達到共贏的效果。這包括為社區或家庭提供支持，或在工作場合與同事建立合作關係。我們可與他人分享自己的目標，並尋求建議和鼓勵，以擴展個人的社會支持網絡，並在遇到困難時提供幫助和指導。更重要的是，要達成人生目標，我們需要他人的幫助，我們可參與團體活動或組織，以促進與志同道合的人建立聯繫，有助於擴大個人的社交圈，獲得新的見解和機會，並在追求目標時維持積極的心態。

*"People with goals succeed because they know where they're going."*

Earl Nightingale

# 人生目標的達成

在心理學領域，人生目標被認為是個體在生活中所追求和努力實現的目標。這些目標可以是職業、家庭、健康、社交等各個方面。瞭解人生目標的心理學知識可以幫助我們更好地設定、追求和實現目標，從而提高生活質量和幸福感。

目標設定理論（goal-setting theory）是研究個人和團隊如何制定和實現目標的心理學理論。這一理論認為，目標的設定和追求對個人和團隊的激勵和成就有著重要影響。這一理論的創始人是愛德溫・洛克（Edwin Locke），他在一九六〇年代開始研究目標設定理論。

目標設定理論的主要觀點包括：

・**具體和明確的目標：**具體和明確的目標比模糊和抽象的目標更有助於提高個人和團隊的成就水平。明確的目標可以幫助人們更清楚地瞭解自己需要達成的結果，並將注意力集中在最重要的任務上。

・**挑戰性目標：**研究表明，具有挑戰性的目標可以激發人們的潛能，提高工作效率和成就感。然而，目標的挑戰性應該適中，過

於困難的目標可能會導致挫敗感和失去信心。

• **目標的可行性**：目標設定理論強調目標應該是可實現的。過於不切實際的目標可能會導致失望和挫敗。因此，設定目標時應該綜合考慮個人能力和資源。

• **目標的量化**：量化目標有助於確保目標的具體性和明確性。通過制定具有明確數字和期限的目標，人們可以更容易地衡量自己的進步和成果。

• **反饋和調整**：在目標追求的過程中，及時的反饋和調整是提高成效的關鍵。通過分析自己在實現目標過程中的表現，人們可以找出需要改進的地方，並根據實際情況進行調整。

• **內在動機**：內在動機是指人們在追求目標過程中所感受到的滿足感和成就感。內在動機可以激發人們的積極性，幫助他們更有效地實現目標。

為了達到最佳效果，目標設定應遵循SMART原則，這是一個用於設定目標的指導方針，SMART原則的每個字母都代表一個重要的目標特徵：具體（Specific）、可衡量（Measurable）、可實現（Achievable）、相關（Relevant）和時間限制（Time-bound）。遵循SMART原則有助於確保目標的合理性和有效性，從而提高實現目標的可能性。

## 具體

目標應該明確、清晰地描述你想要達成的結果，以便你可以清楚地瞭解期望的成果。具體的目標有助於將注意力集中在最重要的任務上，並確保所有參與者對目標有共同的理解。例子：

· **不具體的目標**：提高業績。

· **具體的目標**：在接下來的三個月內，將產品銷售額提高百分之二十。

## 可衡量

目標應該可量化，這樣你才能確定你是否取得了進展並最終實現了目標。設定可衡量的目標有助於跟蹤進度並確定是否需要調整策略。例子：

· **不可衡量的目標**：提高客戶滿意度。

· **可衡量的目標**：在接下來的六個月內，將客戶滿意度調查的平均分數提高百分之十。

# 可實現

目標應該是現實的，可以在規定的時間和資源限制下實現。過於不切實際的目標可能會導致挫敗感和失去信心。例子：

· **不可實現的目標：**在一週內學會流利的法語。

· **可實現的目標：**在六個月內，完成法語基礎課程並通過A2級別的法語水平測試。

# 相關

目標應該與你的核心價值觀、需求和長期目標相符。相關的目標有助於確保你的努力與你希望實現的結果保持一致。例子：

· **不相關的目標：**作為一名軟件工程師，參加烹飪比賽。

· **相關的目標：**在接下來的一年內，學習並掌握三個新的編程語言。

## 時間限制

目標應該有一個明確的截止日期，以便你可以按照計劃進行。設定時間限制可以提高你的緊迫感和動力，幫助你更有效地管理你的時間和資源。例子：

**・沒有時間限制的目標：**減輕十公斤。

**・有時間限制的目標：**在接下來的四個月內，通過健康飲食和運動減輕十公斤。

人生目標需要逐步去實現，一個沒有目標的夢想就只是一個空想。在踏出實現人生目標的道路後，我們要有切實的執行力，而執行力取決於執行目標任務的策略。畢竟夢想之所以叫做夢想，因為夢想都是困難而遙遠的，在追逐困難而遙遠的東西時，SMART目標制定方法能讓我們集中精神，一步一步將自己和夢想拉近。

*"A goal without a plan is just a wish."*

Antoine de Saint-Exupéry

 人生意義

　　在短短的一生中，如我們能找到存在現世的意義，無論對我們自身的幸福感抑或是精神健康，都一定會帶來很多益處。在心理學中，人生意義的英文譯作「meaning in life」，和哲學所探討的那種人生意義（meaning of life）有點不一樣。哲學中的「meaning of life」探討的是生命本質上具有什麼意義；而心理學中的「meaning in life」則是探討每個人如何才能過上有意義的人生。在本文中，筆者會介紹心理學家如何在實證支持下理解人生意義。

　　麥克・史德格（Michael Steger）是一位致力於研究人生意義的心理學家。他提出了一個名為「Meaning in Life Questionnaire, MLQ」的測量工具來評估個體對人生意義的感知。麥克・史德格的人生意義模型主要包括兩個維度：意義的存在（presence of meaning）和尋求意義（search for meaning）。

　　意義的存在這個維度涉及到個體對自己生活中存在的意義的認知。當人們感覺他們的生活充滿了目的、價值和重要性時，他們就會感受到有意義的人生。由此可見，人生目標對人生意義的產生十分重要，一個人有了人生目標的方向，才會彰顯他自身的

價值。除此以外，這可以包括與自己的價值觀一致的目標、與他人的聯繫和關懷以及對生活敘事的理解。追求有意義的人生與心理健康、幸福感和生活滿意度密切相關。

尋求意義這個維度涉及到個體對生活意義的積極探索，包括對自己的目的、價值觀和生活敘事的反思。尋求意義可能是一個持續不斷的過程，因為人們在不同的生活階段和經歷中可能會不斷地重新評估和調整他們的生活目標和信念。尋求意義與個人成長、自我實現和面對挑戰的能力有關。

近期心理學界已達成一個共識，認為人生意義是由三個面向組成，分別是個體感到自己人生的重要性（significance）、個體有著正確的生活理解（life comprehension），以及個體擁有清晰人生目標（purpose）。

重要性指一個人覺得自己的存在具有價值和意義，並且對他人和世界產生積極影響。這個概念與自尊、自我價值感和尊嚴息息相關。個人需要感受到他們的生活不僅對自己有意義，而且對他人和社會也有貢獻。這種感覺可以來自於與他人建立關係、實現目標和目的，以及對價值觀的堅持。

生活理解指個人對生活經歷和事件的認知理解，包括能夠組織和解釋這些經歷的能力。這涉及將生活中的各種事件和經歷整

合成一個有意義和連貫的敘事，這有助於個人在心理上獲得安全感和掌控感。生活理解還包括對生活中的挑戰和困難進行反思，並從中獲得智慧和成長。

人生目標指個人在生活中追求的長期目標和願景，它提供了生活的方向和結構。目標源於個人的價值觀、信仰、興趣和能力，並可能隨著生活經歷而發展和變化。有意義的生活目標可能包括追求自我實現、促進他人福祉、創造社會變革等。

假設有一位名叫Linda的年輕女性，她最近一直在尋找生活的意義。為了更好地理解麥克・史德格的人生意義模型，筆者將通過上述三個面向來探討Linda的例子。在生活理解上，Linda在尋找生活意義的過程中，努力整理了她的人生經歷。她回顧了她的童年、成長過程和教育經歷，並思考這些經歷如何塑造了她的價值觀和信仰。她開始意識到自己一直對環境保護和可持續發展充滿熱情。通過對自己生活的深入理解，Linda找到了一個與她的價值觀和信仰相符的領域。

在重要性上，Linda意識到，她希望自己的生活能對他人和世界產生積極影響。她認為，環境保護和可持續發展對當今世界具有重要意義。她開始尋求有關這一領域的志願者和社區活動，並參與了幾個環保項目。通過這些活動，Linda感到她的生活具有重要性，因為她正在為改善環境和未來世代做出貢獻。

　　在人生目標上，Linda決定將自己的職業道路與環保和可持續發展相結合，作為她生活的目標。她報名參加了有關環境科學的課程，並希望未來能從事與環保相關的工作。在學習過程中，她發現自己對這一領域充滿熱情，並且在完成研究和參與項目時感到非常有成就感。通過確定這一目標，Linda為自己的生活創建了一個清晰的方向，使她感到滿足和幸福。

　　有意義的人生由一個適合自己的人生目標開始，而人生目標則建基於對自己的瞭解。

"*There is no greater gift you can give or receive than to honor your calling. It's why you were born. And how you become most truly alive.*"

Oprah Winfrey

# 什麼是好的人生？

　　人生方向為人生意義感奠下基礎，無論你現時正在做什麼，是學生還是已經出來工作，一個屬於自己的人生方向至關重要。這個方向必然是屬於自己的，不是別人的，不是你父母想的，不是你伴侶想的，而是你想要的。你想要的人生方向，沒有任何一個人有資格批判。每個人都一定有想做的東西，拿出勇氣去接近它。如果覺得追夢成本很大，那麼就想一個策略，把風險降低。有一個方向，有策略，有行動，每個人都可以慢慢走近目標。

　　每個人都希望有一個好的人生，那麼從現代實證心理科學的角度來看，什麼是好的人生，而好的人生又是由什麼面向組成的？

　　在現代實證心理科學中，心理學家猜想好的人生可由三個面向組成，分別是快樂人生（a happy life）、有意義的人生（a meaningful life）、在心理上豐富的人生（a psychologically rich life）。在以下的段落中，筆者會簡單地介紹這三種人生。

　　快樂人生——也就是在心理學中對主觀幸福感（subjective well-being, SWB）的敍述——包括對生活的滿意（life satisfaction）、較多的正向情感（positive affect）和較少的負面

情感 （negative affect）。主觀幸福感主要來自一些很直觀的享樂刺激，例如物質享受、吃到了很好吃的東西、住在高檔的酒店等都是一些提高主觀幸福感的日常例子。所以，主觀幸福感的高低在於個人有多少享樂、有多少金錢和時間、生活是否安定等。

有意義的人生，則和心理學上的心理幸福感 （psychological well-being, PWB） 較接近。心理幸福感模型 （Ryff's Psychological Well-being Model） 是由卡羅爾·萊芙 （Carol Ryff） 於一九八九年提出的，該模型主要以六個維度來衡量心理幸福感。這些維度不僅揭示了幸福感的多樣性，還強調了個體發展的潛力和心理成熟。以下是心理幸福感模型的六個維度：

**自我接受（self-acceptance）**：指對自己的正面評價，包括接受自己過去的經歷和目前的各種特質。具有高度自我接受的人能夠承認並接受自己的長處和不足。

**人與人之間的正面關係（positive relations with others）**：這涉及與他人建立深入、有意義的關係，並展示出對他人的關懷、同情和愛。良好的人際關係是心理幸福感的重要組成部分。

**自主性（autonomy）**：指個體在思想和行為上的獨立性，即使在社會壓力下也能保持自己的信念。具有高度自主性的人能夠遵循自己的價值觀和標準，並對自己的選擇負責。

**環境的掌控能力（environmental mastery）**：指個體能夠有效地應對和適應周圍環境的變化，並從中獲得滿足。具有高度環境掌控能力的人能夠找到合適的資源來滿足自己的需求，並將自己置於有利的情境中。

**生活目標（purpose in life）**：指個體對生活的意義和目標有清晰的認識，並且能夠為自己設定目標。具有明確生活目標的人能夠看到自己在整個生命歷程中的發展軌跡，並對未來抱有積極的期待。

**個人成長（personal growth）**：指不斷努力提升自己，追求心靈成熟和潛能發揮。具有高度個人成長的人能夠對自己的成就感到自豪，並且不斷地尋求新的挑戰和機會，以實現自我超越。

　　有意義的人生是有夢想、有目標的人生，而這些夢想或目標一般都是利他的（altruistic）和對社會有裨益的。人在有意義的人生中，會向著目標披荊斬棘地前進。有意義的人生未必會有在享樂上的快樂，因為大家都知道，追尋夢想的過程中充滿失敗及沮喪，而追逐夢想需要一個人高度自律，並放棄很多享樂。有意義的人生之所以帶來意義感，原因在於能貢獻社會，為社會帶來改變，成就更好的未來。

最後，在心理上豐富的人生和人生經歷有關。一個在心理上豐富的人，他在過去的一段時間，有很多生活的經歷令他不斷改變對生命的看法（life-perspective-changing events），其生命軌跡比一般人來得更傳奇。例如一位單親媽媽在十六歲生下小孩，在經濟困難的環境下，她過了五年非常難熬的日子，但正正是這段日子，她萌生了照顧貧苦小孩的理念，在她的持續努力下，她終於在十年後成立了一個社會初創企業，生意越做越大。未必每一種在心理上豐富的人生都必先經歷苦難，但在心理上豐富的人生在於有豐富的人生體驗，生命並不刻板，而是充滿著許多（正面或負面）刺激和歷練。我相信在南美洲流浪旅行的背包客也正過著一個在心理上豐富的人生。

快樂人生、有意義的人生及心理上豐富的人生組成好的人生，但是大部分人都不會完全擁有這三種人生。一位成功的企業家可能覺得生活很快樂也很有意義，但他未必在心理上感到豐富，因為他的生活並沒有太多刺激，也沒有遇到太多能改變他人生看法的事物；一位在工作旅行中的年輕人在心理上十分豐富，因為每天都過得很有趣，但他可能覺得這樣的生活並不太有意義，也經常捉襟見肘，在實際生活中煩惱很多，所以也未必太快樂。

*"The good life is a process, not a state of being. It is a direction, not a destination."*

Carl Rogers

# 不以成敗論英雄，
 成為英雄是一個旅程

　　人有一個天性，就是喜歡成功討厭失敗，這是十分理所當然的。喜歡成功、討厭失敗才能令自己更進步，亦令社會更進步。所謂「勝者為王、敗者為寇」，傳統社會十分著重成敗，並以成敗論英雄。但是，不知道大家又有沒有想過這種思維的陷阱，以及對自己的害處？

　　有些人會將自己的生命形容是只有成功和失敗事件的組成，不是成功便是失敗，生命軌跡非黑即白。在他們的眼中，他們很喜歡成功的感覺，卻又很害怕失敗。過分注重成敗得失在他們的心理層面造成瓶頸，令自己患得患失，往往不能踏實地專注於現在。他們亦不敢追求目標，因為怕傾盡全力但還是失敗的話，自己會承受不了。當他們到達了一個人生小高峰後，開心過後卻會驚惶失措，害怕自己的高峰不能維持。同時由於享受高峰，他們不喜歡接受新挑戰並跳出「舒適區」（comfort zone），因為跳出「舒適區」代表著要在新領域中從頭再來、重新學習，無法保證結果是他們最喜歡的成功和高峰。而面對挫敗時，他們就像進入了黑暗世界，覺得挫敗就是差、就是不好的東西，他們無法接受挫敗，他們或會被挫敗打得一蹶不振，嚴重的話更是永無反彈之日。

另外一類人有著完全不一樣的看法，他們對成功和失敗的概念沒有那麼鮮明。生命對他們來說不是只有失敗和成功，生命軌跡也不是非黑即白的，而是一個延綿不絕的旅程，這旅程有黑色、白色，甚至有黃色、紅色、綠色……旅程多姿多彩可好玩了！他們當然享受生命高峰，但是他們不害怕高峰過後的下坡，他們甚至喜歡跳下坡走出他們已經達到成功的「舒適區」，在新領域中重新開始。原因很簡單，因為成功過了就可以，在已經成功的領域繼續成功下去實在太無聊了！他們無法保證結果，但他們將熱情放在過程之中，途中遇到的困難挫敗對他們來說是美好的，別人的批評是美好的，這些負面的東西可以令他們知道自己的不足。這些人在面對困難時會不斷學習改變策略及令自己進步，在他們的眼中，沒有東西比每天的小進步更令人興奮。他們追求進步的心令他們不斷挑戰自己。

《千面英雄》（*The Hero with a Thousand Faces*）是美國神話學家喬瑟夫・坎伯（Joseph Campbell）於一九四九年出版的一本著作，探討了世界各地的神話傳說中的英雄之旅（hero's journey）這一主題，書中帶出的信息對追尋夢想十分有啟發性。

喬瑟夫・坎伯從世界各地的神話和英雄傳說中提取出一個普遍的敘事框架，稱作英雄之旅。英雄之旅描述了一個人從日常生活中踏上冒險之旅，經歷種種挑戰和試煉，最後成為英雄並帶

回貴重的寶物或智慧的過程。英雄之旅包括三個主要階段：離開
（separation）、試煉（initiation）和回歸（return）。

離開這個階段描述了英雄從熟悉的世界出發，開始冒險的過
程。這個階段包含以下要素：

**召喚冒險（the call to adventure）**：英雄接收到一個挑戰或
者機會的召喚，通常由某個事件或者人物引起，使英雄的生活產
生變化。

**拒絕召喚（refusal of the call）**：英雄可能會因為恐懼、不安
或者其他原因而拒絕冒險的召喚。

**超凡導師（supernatural aid）**：在英雄猶豫不決時，通常會
出現一個導師或者助手，給予英雄幫助和指引。

**跨越第一道門檻（crossing the threshold）**：英雄決定接受
冒險，離開熟悉的世界，進入未知的領域。

**腹地之中（belly of the whale）**：英雄完全脫離了日常世界，
開始面對冒險中的挑戰和危機。

試煉這個階段描述了英雄在冒險過程中所經歷的種種考驗和成長。這個階段包含以下要素：

**路上的試煉（the road of trials）**：英雄在冒險中遇到一系列的挑戰、敵人和阻礙，並在克服這些困難的過程中變得更強大。

**與女神結合（the meeting with the goddess）**：英雄遇到一位象徵愛情和美好事物的女性，這可能是一段浪漫的戀情，也可能是英雄內心的某種美好品質。

**女人作為誘惑（woman as temptress）**：英雄可能會遇到一個誘惑，令他懷疑自己的使命和道德觀念，這可能是物質上的誘惑，也可能是心靈上的迷惑。

**至高之道（atonement with the father）**：英雄必須面對自己的父親或者某個具有權威的人物，以解決內心的衝突，並和上一代的價值觀達成和解。

**拿到終極獎賞（the ultimate boon）**：英雄成功地克服了最大的挑戰，獲得了寶藏、智慧或者某種能力，這是英雄冒險的最終目標和成果。

回歸這個階段描述了英雄帶著寶藏或智慧回到日常世界，並將其分享給社會的過程。這個階段包含以下要素：

**拒絕回歸（refusal of the return）**：英雄可能會因為新獲得的寶藏或智慧的緣故，不願回到日常世界。

**魔法逃離（the magic flight）**：英雄帶著寶藏逃離冒險世界，可能會遇到追趕和阻攔。

**路人的拯救（rescue from without）**：在回歸過程中，英雄可能需要外界的幫助，以克服最後的困難。

**跨越回歸門檻（the crossing of the return threshold）**：英雄成功地回到了日常世界，並將冒險中獲得的智慧和寶藏融入到日常生活中。

**主宰兩個世界（master of two worlds）**：英雄在回歸後，能夠自如地在日常世界和冒險世界之間穿梭，並將兩界的智慧融合在一起。

**自由生活（freedom to live）**：英雄在完成冒險之後，擺脫了恐懼和不安，享受著充實的、真實的生活。

英雄之旅不僅是一個敘事模式，更是一個心理模型，反映了人類在面對挑戰和成長時所經歷的內心變化。這個模式在不同文化和時代的神話、傳說、文學和電影作品中都有體現，證明了它對人類心靈的普遍吸引力。英雄之旅不僅是一個外在的冒險，更是英雄內心的成長過程。通過面對和克服內心的恐懼、探索自我潛能，英雄實現了自我超越，成為了一個更完整、更成熟的個體，這是個人化和超越（individuation and transcendence）的表現。喬瑟夫・坎伯指出，儘管現代社會發生了巨大變革，但英雄之旅仍然具有重要意義。在現代人的生活中，英雄之旅可以被理解為自我探索、成長和心靈覺醒的過程。

讀了喬瑟夫・坎伯這個英雄之旅的概念，各位讀者們有沒有聯想起自己的故事呢？筆者感受頗深，尤其近年，筆者踏出了一個又一個的舒適圈，做了一件又一件本來未必很想去做，但為了人生目標，不得不勇敢去做的事。

筆者相信大家在成長的期間，一定都看過很多關於英雄的電影、漫畫、電視劇等。劇中的英雄本來都是一些平凡不過的人物，每天的生活都是同一個模樣，但是有一天突然受到了人生的感召，從此踏上了冒險之路。冒險之路的模式十分多樣，例如要成為寵物小精靈大師、要屠龍、要令世界回復和平、要摧毀邪惡組織等，但是性質都是一樣的。在冒險的過程中，目標一個接著一個，完成一個小目標後當然會很開心，但隨之而來的可能是失

敗，面對越來越強的敵人的同時，亦會認清自己能力不足，然後冒險者會喪失信心，覺得自己沒有拯救世界的能力。這時候英雄們不會放棄，會繼續努力堅持下去，在堅持的過程中突破能力界限，將更強的敵人打敗。在英雄成功、失敗、能力進化、成功、失敗、改變、能力再次進化……直至完成最大目標前（令世界回復和平、摧毀邪惡組織、成為寵物小精靈大師等），這個過程會不斷重複。

其實每一個人都是一個英雄，是一個屬於自己人生的英雄。每個人都有自己的「任務」要完成，在過程中，必定會有小勝利，小勝利後會有更大的挑戰，你會經歷失敗、不知所措、懷疑自己等。但是，你要像英雄片中的主角，在面對更強大的敵人時，你要百折不撓，懂得轉變策略，然後「進化變身」，拿到「神聖武器」召喚出更強的能力應付更強的敵人，一步步擊倒最大的困難，成就英雄的故事。要成為一個自己人生中的英雄，你必須知道，在完成任務的過程中，困難會越來越大，等級會越來越高，為了對付它們，你必須不斷升級自己的心智及能力，不斷提高戰鬥力，然後透過和戰友不斷合作，最終將任務完成。

你希望人生是只有黑白相間還是像彩虹般精彩？成功或失敗都不是永久的，既然沒有永久，又哪來絕對的成功或失敗？人生是旅程，是一趟過山車，坐過山車時只停留在高處或低處哪裡好玩？最好玩的當然是從高處衝下去再衝上來的時刻啊！

## 英雄也離不開堅持二字

萊斯・布朗（Les Brown，全名Leslie Calvin Brown）是一位著名的美國勵志演講家、作家和前政治家，他以其激勵人心的演講和充滿活力的風格而聞名於世，幫助無數人實現自己的夢想和目標。

一九四五年二月十七日，他和雙胞胎弟弟在美國佛羅里達州邁阿密出生後即被遺棄，後來被一位單親母親馬米・布朗（Mamie Brown）收養。在成長過程中，萊斯・布朗面對許多挑戰，包括被誤診為教育上智力遲緩。然而，在母親和高中教師勒羅伊・華盛頓（LeRoy Washington）的支持和鼓勵下，他克服了這些困難，開始相信自己的能力。

萊斯・布朗最初從事廣播行業，曾是一名著名的的士高（disco）音樂DJ。在一九八〇年代，他擔任俄亥俄州議會的議員。儘管他在政治生涯中取得了一定的成就，但他的真正熱情在於激勵和教育他人。因此，他開始了自己的勵志演講生涯，成為一位全球知名的演講家。

作為一位成功的勵志演講家，他獲得了多項榮譽和獎項，包括美國國家演講者協會（National Speakers Association）的最高榮譽——卓越同儕獎（Council of Peers Award for

Excellence）。此外，他還是一位企業顧問和教練，幫助許多領導者和組織實現卓越成果。

萊斯・布朗在演講中經常提及竹子的故事，以此來激勵人們要有耐心和毅力。以下是關於竹子演說的一個重要節錄：

「想像一下中國的竹子。在竹子的前五年生長過程中，你幾乎看不到任何生長。事實上，在這五年裡，竹子的生長速度非常緩慢。然而，在第五年的某個時候，竹子突然迅速生長，僅僅六週內，它的高度可以達到九十英尺！這一現象令人驚嘆，令人不禁問，竹子到底是怎樣在這麼短的時間裡生長得這麼高的呢？事實上，在這五年裡，竹子一直在生長。只不過，在這段時間裡，它的生長主要集中在地下，建立強大的根系統。這些根系使竹子能夠支撐自己在短時間內的驚人生長。這個故事告訴我們一個重要的道理：成功需要耐心和毅力。正如竹子一樣，我們可能在早期努力付出後，並未看到明顯的成果。但是，如果我們堅持不懈，繼續努力，我們將能夠建立堅實的基礎，最終實現驚人的成功。」

我們每個人的英雄之旅就像竹子的成長一樣，在很長的時間裡，各位可能未必能看到因努力而帶來的成果。然而，一旦我們堅持信念努力下去，不輕言放棄，總有一天，竹子會長成九十英尺高，我們的英雄之旅會迎來勝利。

# 人生發展或許就像一個漏斗

找出人生發展的路向從來都不容易，無論你是臨近畢業的大專生，或是已在職場上打滾了六、七年正在瓶頸位的上班族，都會時常被一句話所困擾：

「我究竟想走怎樣的人生路？我的目標是什麼？」

要如何幫助自己解答這個問題呢？筆者建議各位多加留意以下兩點：

1. 找出人生路向需要用行動輔助。無論想做什麼事、想解決什麼問題都需要有行動，只在抱怨「我不知道人生有什麼意義」並不會為你找出意義。

2. 有什麼行動可以去做呢？只要是有機會去開闊你的視野、增廣你的見聞、深化你的內涵、擴大你的知識面及人際網絡等的事情都可以去嘗試。心理學有個詞語叫做角色實驗（role experimentation），意思是你可以嘗試更多角色、體驗更多人生面向，以及從經驗中反思，你可以嘗試閱讀、學習、參與不同種類的工作（受薪或義務）、廣交助你成長的朋友、獨處反思等，切記要付諸實行，不能空想。多做這些動作未必能在短期內

助你找出人生目標，但當你在尋找目標的道路上不斷作出行動，每個行動就都會像一顆種子一樣，千百顆種子最後會慢慢交織在一起，令你的人生目標及方向受到召喚。

所以，尋找目標的第一步要「闊」，就像漏斗的開口一樣。要怎樣做到「闊」？就是要不斷有所行動，不斷地尋求接觸新事物、新朋友、新知識、新想法的機會。在這個過程中，你必須保持開明心態（open-mindedness），絕不能故步自封、思想定型及偏激。當你每天都把握機會，擴開心胸去接受新經驗衝擊時，這些經驗會不斷將你升級，推向目標的道路。當你經歷過足夠的經驗衝擊，加上透過不斷的反思，慢慢某幾個人生發展方向就會在你的心中萌芽。一個萌芽的想法如要綻放的話，需要的只是醞釀的時間而已。

這就是一個由「闊」至「專注」的漏斗過程。

一旦達至「專注」的「窄」位，代表你已經找到了自己的人生意義感，你將像核動力潛艇一般，自己推動著自己不斷前進，把這個人生目標做得更「專」、更「窄」。當「窄」到一個盡頭時，人生漏斗的通道又將會慢慢變「闊」。

為什麼會這樣說呢？

因為當你將人生目標做得「專精」，你的技術、知識影響力必然逐漸擴大。這個時候我們不妨將這些影響力轉移回更大的世界之中，而不是只在你自己的專業領域。將影響力重新轉移回到各種人群、階層及各個社會面向，用自身的影響力回饋社會，在自己力能所及的範圍貢獻社會，令社會變得更好。這就是人生後半段由「窄」變回「闊」的進程。

很多年輕人（包括筆者以前都是）覺得前路迷惘，缺乏人生方向感，能幫助自己的其中一個方法就是把自己的生命漏斗擴至最闊，當中需要的是廣闊的心胸及堅實的行動力。

*"Life is an experiment in which you may fail or succeed. Explore more, expect least."*

Santosh Kalwar

# 人生是一場和自己的比賽

運動，就是在這個高度物質主義的世界中，其中一種以最單純的方式告訴我們什麼是為了一個目標，不斷突破自己的過程。除了跟別人比賽，運動員更以最簡單的方式去顯示什麼是和自己比賽。

運動員除了要贏對方，更要和昨日的自己比賽，不斷刷新個人最佳紀錄（personal best, PB）。

在剛過去的東京奧運中，有一幕令筆者特別感觸的，那便是中國百米跑手蘇炳添以九秒八三刷新亞洲紀錄後，他那激動無比的表情。有些人會覺得他拿不到獎牌，有什麼值得那麼興奮？九秒八三比起世界紀錄不是還差得遠嗎？

這些人抱持的是一種以成敗論英雄的表現導向（performance-oriented）思維，這和定型思維（fixed mindset）有密切關係。這種思維令人做什麼都是為了有成績，因為只有成績才可以顯示自己的價值。這種思維會有什麼問題呢？只以成績定義自己，你就會總想著用旁門左道或捷徑以最短的時間拿到那個所謂的「成績」。同時間，由於你太著重成績，對於一些你覺得很難的事，你不會去勇敢挑戰，因為你怕拿不到

那個「成績」。這樣踏上夢想之路，你不會看到沿途的美好風景。以成績論英雄可以，但不能只以成績論英雄，對待自己的時候也是一樣，你可以關注成果，但不能只關注成果。蘇炳添三十二歲，如無意外這是他最後一次的奧運會，成功進入百米跑決賽，這絕對是他跑手生涯中最輝煌的戰績，也是艱苦訓練換來的成果，每個人都應該為他感到高興。

那表現導向思維以外的是一種怎樣的思維呢？那便是精進導向（mastery-oriented）思維。在中文語境中，匠人精神最能表達這個理論的意思。所謂匠人精神，就是專注於自己的精進，日復一日，月復一月，年復一年地不斷突破自己的界限。這種思維和成長思維（growth mindset）息息相關，相信自己能進步，並以進步去衡量自己的表現。贏了固然開心，就算比不上別人，但不斷有進步，就是對自己最有價值的事。

有一件帶點諷刺卻又非常有趣的事——總是以成敗得失評價自己有沒有價值的人，由於不懂得專注於過程，也不懂享受途中的風景，往往都患得患失，過早在途中放棄，結果他們十分著重的「成果」就不會到來。但是，以進步過程為價值重心的人十分享受過程中的各種成敗得失，他們會努力尋找各種方法令自己不斷進步，結果，他們不太重視的「成果」卻突然來了，因為他們總能精通（master）一件事，那種追求精益求精的精神，令他們逐步邁向成功。

奧運會的各個瞬間之所以令人感動，就是因為我們知道運動員每天都在努力突破自己，這種體育精神多麼值得我們敬佩。

汗水換來勝利，令人動容；若然暫時還未能換來成果，也要欣賞自己的轉變，因為在追夢的過程中，你早已變得更強更好。

人生，並不是奪得獎牌才值得慶賀。

"In a growth mindset, challenges are exciting rather than threatening. So rather than thinking, 'Oh, I'm going to reveal my weaknesses,' you say, 'Wow, here's a chance to grow.'"

Carol Dweck

第六章

# 心理學給我們的領悟

《人生心理學》是筆者在花千樹出版的第四本著作，以往的著作中，筆者都會邀請好友共同執筆。本書中，筆者就邀請了黎嘉慧博士撰寫數篇文章（黎嘉慧博士的背景可參看本書〈導言〉）。筆者和黎嘉慧博士正在合作數個研究項目，期望短期內可以將研究成果分享給大家。筆者亦想趁此機會，感謝在各本著作中貢獻心力及時間的各個朋友！

心理學作為一門研究人類心智和行為的科學，為我們的人生提供了很多有關自身及他人的領悟。通過對心理學的研究和實踐，我們能更好地理解人類的思考、情感和行為模式，從而提高人際關係、工作效率以及生活質量。

有關於自我成長的心理學課題種類繁多，此章會結集有關此題目的不同文章，因此前後內容未必有很大的關連，請大家隨意閱讀。

# 延遲享樂的重要性

自我控制（self-control）是一個人能否達成目標的重要指標。例如你要減肥，你必須恆常努力做運動及控制飲食；你要成績好，就必須努力下苦功讀書及放棄一些遊戲的時間；你要在財務上取得成功，就必須節儉，拒絕消費主義的誘惑。這一切都和自己控制原始慾望（primitive drive）的能力有關。而自我控制的一個表現模式是延遲享樂（delayed gratification），是一種為了達成遠大目標，不惜延遲自己享樂時間的行為。延遲享樂的相反是即時享樂（immediate gratification），是一種馬上滿足自己慾望的行為。

自我控制是人類從幼兒時期（大約四歲前後甚至更早）就發展出來的，這是由於家長管教（parenting）和腦部發展（brain development）而產生的高等認知能力。說到自我控制的研究，不得不提的就是最早由美國心理學家沃爾特‧米歇爾（Walter Mischel）於一九六〇年代在史丹福大學開展的一系列棉花糖實驗（marshmallow experiment）。這是一個著名的心理學實驗，該實驗旨在研究兒童的自我控制能力，特別是延遲享樂這一概念。

在這個實驗中,沃爾特‧米歇爾選擇了一些年齡在四至六歲之間的兒童作為參與者。每個兒童各自被帶到一個單獨的房間,房間裡放置了一張小桌子和椅子。桌子上放有一個棉花糖(或其他獎勵,如餅乾、巧克力等)。實驗者向兒童解釋,他們可以立刻吃掉桌子上的棉花糖,但如果他們能等待離開的實驗者返回房間後再吃,則可以獲得額外的一個棉花糖作為獎勵。實驗者告訴兒童,他們將離開大約十五分鐘,但實際上離開時間是不確定的。實驗者在離開房間後,通過一個隱藏的攝錄機觀察兒童的行為。兒童在這段時間內需要自我控制,抵制立刻吃掉棉花糖的誘惑,以便獲得更大的獎勵。實驗者返回房間後,記錄兒童是否等待了足夠的時間,以及他們獲得的獎勵數量。

隨後的追蹤研究發現,能夠在實驗中展示出更強自我控制能力,並成功等待實驗者回來的兒童,在未來的學業成績、社會適應以及心理健康方面表現得更好。這些結果表明,自我控制和延遲滿足能力對個體的成功和幸福具有重要的影響。

延遲享樂看似是一個很專業的名詞,其實說白了就是一個很常見的大道理,就是「寶劍鋒從磨礪出,梅花香自苦寒來」的意思。正如寶劍需要經受磨礪才能變得更鋒利,梅花也需要經歷苦寒才能散發出迷人的香氣。同樣地,人們要想取得成功,也必須經受挫折和困難的磨練。只有經歷過艱苦的考驗,才能培養出堅定的意志和卓越的品質。很多東西,尤其是遠大的目標,是不會

在一天、一個月，甚至是一年就會獲得成果的。夢想和目標需要深耕細作，過程可能很緩慢。這就是最考驗人的時候，能夠將享樂延遲的人會較沉得住氣，當然更有優勢突破瓶頸。

　　大家要注意，現今社會資訊太發達、太快、太即時，人已變得越來越浮躁，耐不住寂寞，耐性也越來越差。很多人已控制不了慾望，追求的是即時的享樂，所以你看到的是越來越多人過度購物引致破產，亦有不少人欠缺恆心和韌性，在追夢的過程稍遇挫敗便放棄。在這個浮躁的時代，我們更加要加強自己的耐性和韌性，不然我們只能被「即時享樂的惡魔」牽著鼻子走，這樣又怎能成就卓絕？

*"The ability to discipline yourself to delay gratification in the short term in order to enjoy greater rewards in the long term is the indispensable prerequisite for success."*

Brian Tracy

 # 自我預言實現

要把一件事做好，要把一個目標達成，比起你自身擁有的能力，你心中的信念或許起著一個更重要的作用。筆者想，在看這篇文章的你們心中都會有一個目標、一個夢想，問問自己，你究竟相不相信自己能做到？相信自己其實往往就是成功的第一步。

或者大家都會有經驗，在一些日常生活的經驗當中，你慢慢會相信自己擅長做什麼，不擅長做什麼。例如小學時期的你常常被一個數學老師看不起，被他說自己數學很差、沒有天分，慢慢你就覺得自己真的沒有數學天分，是一個「數字白癡」。又例如中學時期第一次交中文作文時被老師誇獎了，頓時你對中文寫作的信心大增，覺得中文作文是自己擅長的事，然後你整個中學生涯甚至整個人生都對中文寫作這個範疇充滿信心。

這其實都是人類的思想傾向，心理學家將這個現象稱為自我預言實現（self-fulfilling prophecy）。人類的思想（belief）會影響自己的行為（behavior），而所做出的行為又會強化（reinforce）這種思想。以下便用剛才的例子去說明這個現象。

　　小明剛上小一，第一次數學測驗不及格，僅僅得了四十分，老師寫了評語：「小明數學天分不高，要多努力。」這種別人的評價會令小明產生一個思想，覺得自己正如老師所說，是一個不擅長數學的人，這個思想會影響他往後學習數學的行為及動機（motivation），他會想：既然我沒有數學天分，那為什麼我還要努力去讀數學呢？所以小明在數學課堂上顯得不積極、不專心，在溫習功課上也不用功。由於小明對數學不用功，所以數學成績自然沒有起色。這個行為引致的結果（即數學成績差）再度加強了小明的思想（即「我」沒有數學天分），每當他看到派回來的數學試卷上那個低分數時，他都會暗自跟自己說一句：「數學成績仍是那麼差，我真的是跟老師說的一樣，是一個『數字白癡』。」

　　你們應該也可以感受到，這是一個惡性循環，周而復始，結果就是小明永遠也相信自己是一個「數字白癡」，不會去嘗試改變自己，這就是自我預言實現的威力。你們有類似的經驗嗎？相似的例子還有家長經常看低自己的兒女，令兒女永遠不相信自己能把事情做好，結果真的不能好好完成事情；第一次打籃球被同學取笑，令你覺得自己不會打籃球，甚至因此不再接觸籃球；不相信自己可以變得富有，所以你對理財毫無興趣，結果自己真的永遠都不能富有。

不知大家喜不喜歡NBA，大家應該知道只有三百多位球員能進入NBA這個最高籃球殿堂，他們每一個在中學、大學，或者在自己的國家隊裡都是一等一的球星，但是為什麼只有一個高比・拜仁（Kobe Bryant）、一個米高・佐敦（Michael Jordan）、一個勒邦・占士（Lebron James）、一個史提芬・居理（Stephen Curry）？而其他原本光芒四射的球員到了NBA後卻變得平庸，這背後固然有很多其他因素，例如體能、際遇等，但一個最重大的心理因素就是，你到底信不信自己做得到？你相信自己，就會努力訓練，就會進步；你不相信自己，就不會努力訓練，只會退步。這一切就始於一個對自己的思想和信念，一切皆和自我預言實現有關係。

高比・拜仁有一句話說得很好：「If you are afraid to fail, then you are probably going to fail.」（如果你害怕失敗，你很可能就會失敗。）

你相信自己能做到嗎？你願意給自己多點信念，令自我預言實現帶著你到達目標嗎？

**你相信自己 ➜ 所以你會很努力 ➜ 所以你會有好成果 ➜ 好成果令你更相信自己**

以上這種正面的自我預言實現，就是很多有自信、從小就有成功感的人的寫照。

*"Believe you can, and you're halfway there."*

**Theodore Roosevelt**

# 面對自己的黑暗面

我們每個人都有一些「黑暗面」，這些黑暗面不一定是指那些惡性意圖，它們可能只是一些負面經驗，可以理解成對自己的負面評價、感覺，或身體感受，例如不滿意自己的樣貌或能力，導致自己總被自卑感籠罩；對別人比自己優秀這情況產生不滿，繼而引發妒忌心等，這都可算是我們大部分人會有的黑暗面，差別在於多或少而已。

除此以外，面對黑暗面時，每個人怎樣去處理這些「黑暗面」也是各有不同。有些人面對自己的弱點，會選擇去面對、去接受，然後去改變它，這種狀態在心理學上稱為自我接受（self-acceptance）。自我接受是在心理幸福感（psychological well-being, PWB）模型中的六大組成因素之一。其餘五個為生活目標、環境的掌控能力、自主性、個人成長和人與人之間的正面關係，詳請可參考本書第五章有關「人生意義」的內容。既然自我接受為心理幸福感模型中的重要一環，大家都必定知道它對精神健康的重要性。為什麼面對黑暗面或自己最想逃避的面向時，接受它們會令我們的精神健康得到裨益呢？

當你接受一個問題是問題時，那就是你開始進步的開端。當你承認自己懶惰，並承認這是一個問題時，你的下一步將會是

想如何改進它；當你覺得對愛情不忠誠是一個問題時，你將會避開很多會令你變得不忠誠的事物；當你承認自己身體的問題是嚴重時，你才會乖乖地去看病，這樣才有機會把病醫好。當我們接受自己的長處，也接受自己有弱點、有缺陷時，其實能帶給我們一份勇氣。接受缺陷，令我們勇於面對缺陷，更易介入去處理缺陷。而介入問題、解決問題，就是清除問題帶來的壓力的最佳方法。

主動面對及迎接內心的黑暗面是很好的。但是有另外一類人，他們採取的方法是截然不同的。在面對自己的黑暗面時，他們選擇的是逃避、視若無睹、壓抑，而這是一種經驗迴避（experiential avoidance）。黑暗面、個人弱點等本應是每個人都有的東西，迴避黑暗面此行為具有演化適應性（adaptive significance），因為接受個人弱點要太多勇氣，需要花大腦太多能量去思考，所以最省氣力的方法就是不去想、不理會，甚至拒絕接受。根據很多輔導學理論及研究發現，面對黑暗面時若有經驗迴避傾向的話，與發展出各類精神及情緒疾病有一定的關係。所以，當我們要處理黑暗面時，經驗迴避是有一種有害的方法。壓抑，本身就會誘發出更多想被壓抑的情感，也就是人們平常說：「越叫自己不要去想，結果卻越想越多。」這情況就像一個無底深潭，不去想並不能解決問題，反而對問題施加了更大的壓力。長遠來說你必身心俱疲。舉個簡單的例子，你有一項工作十分不想做，所以你持續地逃避這種負面情緒，但由於工作一天

未完成，施加到你身上的壓力只會有增無減。什麼時候你能把這工作帶來的壓力或負面情緒清除掉？就是你把工作完成的那一天。

每個人都必定有優點及缺點，因為這些都是自己的特質，我們可以試著去接受全部的自己。接受越多自己的黑暗面，你將有更大可能從中找到力量，讓自己變得更好。

*"Accept yourself, love yourself, and keep moving forward. If you want to fly, you have to give up what weighs you down."*

Roy T. Bennett

#  才華這個詞有時候很危險

　　每當有選秀節目時，我們經常聽到才華、創意或創造力這些詞語，究竟什麼是才華？以下提及的論點也適用於創意或創造力這些概念。

　　當我們說起才華時，不知道大家有沒有留意到，我們總會把才華定義得十分狹窄，例如在一般的對話中，才華總是和音樂、演藝類掛勾，例如這個人彈鋼琴彈得很好、舞跳得很厲害、歌唱得很好聽等。

　　但是，才華是否就等於音樂演藝類的優秀能力？當然不是。正如當有人提起創意一詞，大家都會回答很會想像、總是能想出好點子、腦轉得很快、畫工很出色等。創意就只代表著這些嗎？當然不是。以心理學研究量化創意的方法為例，創意絕對不止是在藝術或解難方面的能力。十分有名的考夫曼創造力領域量表（Kaufman Domains of Creativity Scale）中，根據五方面來量度創意，分別是日常行為（例如如何幫助別人，如何令自己快樂等）、學術（書寫學術文章、討論及辯論等）、創作表演（包括寫作及音樂類，例如寫詩、作詞、作曲等）、工程科技類（例如電腦程式編寫、手工物品制造等）及純藝術類（例如繪畫、制造雕塑等）。所以大家平常指的創意其實相對狹義，只包括了創作

表演類及純藝術類等。

　　相同地，才華也絕不止是音樂類的能力，你能寫出一篇好文章，是才華的表現；你能與人建立優秀人際關係，是才華的表現；你能知道如何控制情緒，是才華的表現；你能讀好書拿高分，也是才華的表現。你的所有能力都是才華。

　　才華有很多種，每個人都有自己獨特的能力，所以每個人都是有才華的人。即使你現在不知道，但透過不斷理解自己，你總能發掘出你的能力，所以每個人終究都是有才華的人。

　　不要輕言相信或斷定自己沒有才華，只要找出屬於你自己的價值，就能找出你自己的才華。而所謂的才華或創意也絕不是由零直接跳至一的過程，而是需要很多時間的不斷浸淫、練習，以及在失敗中不斷磨練出來的，就像選秀節目的參賽者一樣，大家看到他們都是才華洋溢的人，但是每個人都必須知道，要走到這個程度，所花的時間、練習，以及在心智上的挑戰都是相當巨大的。每個人都擁有不同的才華，但你必先要找到自己的興趣和目標，然後努力地去爭取實踐和表現的機會。

*"Talent is cheaper than table salt.*
*What separates the talented individual from*
*the successful one is a lot of hard work."*

Stephen King

 正念

（此部分由黎嘉慧博士撰寫）

　　正念（mindfulness）練習是一種強調當下的概念，可以幫助我們將注意力集中在當下的體驗，接受自己的情感和思維，而不是陷入過去的回憶或未來的擔憂。以一位經常感到焦慮的人為例，通過練習正念冥想或其他正念技巧，可以學會專注於當下的感受，將過去的陰影和對未來的憂慮放在一旁，從而有效緩解焦慮。正念練習主要以專注當下、接納自我為核心，透過不斷觀照和感受當下的經歷，幫助我們達到心靈的平靜與成長。

　　接下來，筆者將詳細探討正念練習的好處以及如何實踐正念練習。首先，正念練習對於緩解壓力具有顯著的效果。在快節奏的現代生活中，我們時常面臨各種壓力，這些壓力可能來自工作、家庭、人際關係等方面。正念練習能幫助我們將注意力集中在當下，使我們更能接受和應對生活中的困難。通過觀察呼吸、身體感受和思維等，我們可以更好地瞭解自己的內心狀態，從而有助於緩解壓力，恢復身心的平衡。

　　其次，正念練習有助提高專注力。在進行正念練習時，我們需要將注意力集中在當下的體驗，如呼吸、身體感覺、聲音等。這種專注的練習可以增強我們的專注力，使我們在日常生活和工作中能

231

更有效地專注於手頭的任務，從而提高工作效率和生活品質。

再者，正念練習對於促進情緒穩定具有重要意義。情緒波動是人類的正常生理現象，但過度的情緒波動可能對我們的心理健康造成影響。透過正念練習，我們可以學會觀察和接納自己的情緒，而不是試圖控制或抑制它。這樣的心態可以幫助我們更好地處理負面情緒，如憂慮、憤怒、恐懼等，並提高我們在面對情緒波動時的應對能力。

長期保持正念練習的人，通常能更好地面對生活中的挑戰和困難，可見正念練習還能促進心理健康。正念練習讓我們能夠觀察到內心深處的恐懼、憂慮和掙扎，並學會接納它們，而不是迴避。這樣的心態有助於提高心理彈性，使我們在面對挫折時更有韌性和堅持。

此外，正念練習可以改善人際關係，讓我們更加專注於與他人的交流，更有耐心去聆聽對方的意見和需求，並更加同情和理解他人。這樣的態度有助於建立更加深入和真誠的人際關係，使我們在與他人互動時更加富有同理心和關懷。

現在，筆者來談談如何實踐正念練習。正念練習的基本方法是專注於當下的體驗，並以不加評判的態度去觀察和感受這些經歷。以下是一些建議，以幫助你開始正念練習：

1. 選擇一個安靜的地方進行練習。一個能讓你感到放鬆且不易受到干擾的地方，有助於你更容易進入正念練習的狀態。

2. 以舒適的姿勢坐下。可以選擇盤腿坐、跪坐或坐在椅子上，以保持脊椎挺直。要確保身體保持放鬆，但精神保持清醒。

3. 將注意力集中在呼吸上。將注意力集中在呼吸的感覺上，如空氣流入和流出的感覺，或者胸部和腹部的起伏。無論呼吸深淺、快慢，都以不加批判的態度去觀察它。

4. 如果注意力偏離呼吸，請輕柔地將其引導回來。在練習過程中，可能會發現注意力不自覺地被其他事物所吸引，如想法、情感或身體感覺。這是很正常的，只需意識到它，然後輕柔地將注意力帶回呼吸上。

5. 持續觀察和接納當下的經歷。在正念練習中，我們要努力保持對當下經歷的覺察和接納。無論遇到什麼想法、情感或感覺，都以一種不加評判的態度去面對它。這有助於我們養成一種全面而真實的自我觀察能力。

6. 練習的時間可以根據個人需求而定。對於初學者來說，
每次練習五至十分鐘即可。隨著練習的深入，可以適當
延長練習時間。建議每天保持正念練習，以養成良好的
習慣。

7. 將正念應用於日常生活。正念練習不僅限於冥想的時
刻，還可以應用於日常生活的各個方面。無論在做什
麼，都可以嘗試將注意力集中在當下的經歷上，如吃飯
時關注食物的味道和口感，洗澡時感受水流觸及身體的
感覺，或者與他人交流時專注於對方的話語和表情。

8. 耐心與堅持。正念練習需要時間和毅力才能見到效果。
在練習的過程中，可能會遇到困難或挫折，但謹記要保
持耐心和堅持，相信自己會逐步進步。

　　正念練習是一種寶貴的心靈修行方法，能帶給我們許多益處，
如緩解壓力、提高專注力、促進情緒穩定和心理健康等。實踐正念
練習需要耐心和堅持，但隨著時間的推移，你將發現它對你的生活
產生深遠的影響。希望這些建議能幫助你開始正念練習之旅，讓你
在生活中體驗到更多的平靜、喜悅和成長。除了上述提到的正念練
習方法，還有其他一些練習形式，例如正念瑜伽、正念散步和正念
體操等。這些練習形式將正念觀念融入到身體運動和日常活動中，
幫助我們在不同場合中保持覺察能力和平靜的心境。

# 面對孤獨與成長：
# 探索人類獨處的力量和成熟的過程

（此部分由黎嘉慧博士撰寫）

在人生的征途中，孤獨和成長總是伴隨著我們。正如湯令山的歌《國際孤獨等級》唱道：「我不怕悶，寂寞生出佛陀。」面對孤獨，我們或許會感到害怕、迷惘和無助，但在成長的過程中，這些孤獨時刻令我們學會了堅持、獨立和自我提升。本文將探討孤獨與成長之間的關係，以及如何在孤獨中找到成長的動力。

孤獨是一種心理狀態，表現為個體在社交互動中感受到的孤立和缺乏陪伴。長期的孤獨會對心理健康產生負面影響，如焦慮、抑鬱和自卑等。《國際孤獨等級》寫道：「在我身旁這刻迫滿熟人，大概誰都很羨慕我。若我敢講更愛獨坐，未夠感恩，彷彿很折墮。」歌詞暗示了在這個社會中，人們往往對孤獨抱有貶低的看法，認為孤獨是一種失敗。然而，孤獨其實也是一種令人成長的契機。當我們擁抱孤獨時，會發現它能令我們更加瞭解自己，並在獨立面對挑戰時學會勇敢和堅持。例如，歌詞中的「訂票單人去北非看駱駝，獨個報名上甜品課」，這些孤獨的經歷令人在獨立自主的過程中學會了勇敢和堅持。同時，這些經歷也能激發我們的創造力和靈感，令我們在人生道路上不斷前行。適度的孤獨有助於個體自我反思和內心成長。

在成長的過程中，我們會經歷不同階段的挑戰和困難，並在面對這些挑戰時學會自我調適和成熟。這些挑戰需要我們不斷努力和學習，以克服困難並實現自我成長。我們可能在孤獨的經歷中會更加深入地反思自己的需求、期望和目標，有助我們找到自我成長的動力和方向，令我們有更多的機會去關注自己的內心世界，發現自己的優點和不足。這同時有助我們在心靈層面進行成長，提升自我認知和情緒管理能力。許多研究顯示，適度的孤獨有助於激發個體的創造力。在孤獨時，我們可以專注於自己的想法和創作，進而促使我們在藝術、文學等領域取得突破性的成果。

要在孤獨時找到成長的動力，首先需要建立正確的心態。我們應要意識到孤獨不是一個需要害怕的情緒，而是一個可以令我們反思和成長的契機。在孤獨時，我們可以制定一些具體的目標和計劃，以激勵自己不斷努力和成長。這些目標和計劃可以是學業、事業或個人興趣方面的，通過實現這些目標，我們可以在孤獨中找到成長的動力。在面對孤獨時，學會自我激勵是非常重要的。我們可以通過閱讀勵志書籍、觀看激勵視頻或與正能量的人交流等方式，激發自己的成長動力。除此之外，建立良好的生活習慣對於維持心理健康和成長至關重要。處於孤獨時，我們更應該保持規律的作息、健康的飲食和適當的運動，以保持心情穩定，為自我成長提供良好的基礎。有趣的是，面對孤獨的同時，

與他人分享心情和經歷也是非常重要的，我們可以尋求家人、朋友或專業心理學家或心理諮詢師的支持和幫助，讓他們陪伴我們度過孤獨的時光，並在過程中找到成長的動力。

　　孤獨與成長之間存在著密切的聯繫。面對孤獨時，我們應該正視自己的心理狀態，並從中找到成長的動力。通過建立正確的心態、制定目標和計劃、學會自我激勵、保持良好的生活習慣和尋求支持和幫助，我們可以將孤獨轉化為自我成長的動力。在孤獨中，我們有更多的機會去深入瞭解自己，發現自己的潛能，並在心靈、智力和創造力等方面取得成長。因此，正確看待和應對孤獨，將有助我們更好地實現自我成長和成熟，並使我們在人生的道路上更加堅定地前行。

　　那麼我們該如何在孤獨中促進成長？根據馬斯洛的需求層次理論（請參閱〈第四章：金錢及工作〉），要在孤獨中促進成長，我們可以採取以下幾種策略：

**滿足愛與社交需求：**在孤獨時，我們應該與他人建立深入的連結，並保持親密關係。這可以通過與家人、朋友或支持團體保持聯繫，分享自己的感受和經歷來實現。在這個過程中，我們可以在孤獨中找到成長的動力。

**促進自我實現：** 在孤獨中，我們可以利用這段時間來反思自己的目標和價值觀，以及如何實現自己的潛能。我們可以制定具體的計劃，設定挑戰性但可實現的目標，從而激勵自己在孤獨中成長。

又根據在先前的章節提及過的基本心理需求理論，我們也可以得到一些啟發，令我們在孤獨中成長。

**提高自主性：** 在孤獨時，我們可以自主地進行活動和學習，例如閱讀、寫作、創作藝術作品等。這些活動可以幫助我們更好地瞭解自己的興趣和價值觀，從而提高自主性。

**增強能力感：** 為了在孤獨中提高能力，我們可以挑戰自己，去學習新技能或改進現有技能。例如，學習一門新語言、掌握一項運動技能或練習樂器等。這些挑戰可以幫助我們增強自信心和能力感。

**滿足關聯性需求：** 在孤獨時，我們可以主動與他人建立和維護聯繫。這可以通過參加社交活動、與朋友和家人保持聯繫、加入興趣小組等方式來實現。在這些互動中，我們可以學會如何與他人保持良好的關係，並在與他人的互動中學習和成長。

　　實踐這些建議有助於我們在孤獨時滿足自我決定理論中的基本心理需求，從而促使我們在孤獨中實現成長。在這個過程中，我們不僅可以學會面對孤獨，還可以培養自己在各個方面的能力，並與他人建立更深入的聯繫。

　　在整個過程中，我們將能夠更好地理解和接納自己，並在與他人的互動中學習和成長。最終，通過勇敢面對孤獨並在其中尋求成長，我們將能夠實現自己的潛能，過上更充實、更有意義的生活。就像歌曲《國際孤獨等級》歌詞裡所寫的那樣：「六根清淨比起給怨侶纏身好過。」我們需在孤獨中找到自己的光芒，並勇往直前。

# 人生心理學

## 關於人生這回事，心理學理論怎樣說？

作　　者　　Lo's Psychology

總 編 輯　　葉海旋

編　　輯　　李小媚

助理編輯　　鄧芷晴

書籍設計　　joe@purebookdesign

出　　版　　花千樹出版有限公司

地址：九龍深水埗元州街 290 至 296 號 1104 室

電郵：info@arcadiapress.com.hk

網址：http://www.arcadiapress.com.hk

印　　刷　　美雅印刷製本有限公司

初　　版　　2023 年 7 月

I S B N　　978-988-8789-24-5